BERLIN

DIETMAR WISCHMEYER

IMMER IS WAS, NIE IS NIX

GESCHICHTEN
AUS DEM
DEUTSCHEN
ALLTAG

ROWOHLT · BERLIN

Originalausgabe
Veröffentlicht im Rowohlt · Berlin Verlag, Oktober 2023
Copyright © 2023 by Rowohlt · Berlin Verlag GmbH, Berlin
Covergestaltung FAVORITBUERO, München
Coverabbildung Justin Case / Getty Images
Satz aus der Legacy bei Pinkuin Satz und Datentechnik, Berlin
Druck und Bindung CPI books GmbH, Leck
ISBN 978-3-7371-0196-7

Die Rowohlt Verlage haben sich zu einer nachhaltigen Buchproduktion
verpflichtet. Gemeinsam mit unseren Partnern und Lieferanten setzen
wir uns für eine klimaneutrale Buchproduktion ein, die den Erwerb von
Klimazertifikaten zur Kompensation des CO_2-Ausstoßes einschließt.
www.klimaneutralerverlag.de

INHALT

BEGEGNUNGEN DORT DRAUSSEN

BOULEVARD DES NIEDERGANGS

Würde mich jemand aus dem Flugzeug werfen und ich landete in einer deutschen Stadt – abgesehen davon, dass ich dann mausetot wäre –, wüsste ich nicht, wo ich bin. Es sieht überall gleich aus. Gäbe es nicht Aldi Nord und Aldi Süd, könnte man nicht einmal Nord- von Süddeutschland unterscheiden. Okay, einen Unterschied gibt's doch: Im Süden heißt Rossmann Müller und in Hamburg Budnikowsky, aber der hätte ja auch in Polen sein können.

Auf geht's, flanieren wir durch eine typisch deutsche Straße: Links neben dem Müllerrossmannpupsikowsky-markt bietet der Ming-Su-Asia-Imbiss ein tägliches Mittagsmenü für 2 Euro inklusiv einer Schüssel Schleimsuppe. Einen Hundeschiss weiter wartet der nächste fernöstliche Dienstleister mit einer Thaimassage und weist nachdrücklich im Schaufenster darauf hin, dass mit Ficki-Ficki nix läuft im Laden. Der Flickschuster nebenan hält diesen Hinweis dagegen nicht für nötig. Kann also sein, dass er einen für 'ne schmale Mark übern Leisten balbiert, wenn man höflich fragt. Endlich – schon zwei Ladengeschäfte ohne Fressen – da kommt das nächste: Berlin Döner, ein erster Hinweis darauf, dass wir uns NICHT in Berlin befinden. Vielmehr soll der Name für hauptstädtische Qualität der osmanischen Schredderspeise werben – wieso? Niemand käme auf den Gedanken, mit «Englische Gourmetgerichte» Gäste anzulocken. Eingeklemmt zwischen der Rache des Kalifats und einem Geiz-ist-geil-Laden liegt das Büro des SPD-Orts-vereins. In geschickter Weise versucht der Sozialdemokrat, durch die Nähe zum Müllerwartungsgeschäft seiner poten-ziellen Wählerschaft aufzulauern. Im Fenster hängt eine vergilbte Pappe «Bewirb Dich, werde unser Bundestagskan-didat – jeder hat eine Chance».

Wiederum ein paar Schritte weiter lockt das Matratzen-Outlet mit attraktiven Preisen, jedoch nicht, ohne einen Matratzenwechselmuffel wie mich in Angst und Schrecken zu versetzen: Eine lebensgroße Bettwanze aus Styropor mit einem Gesicht, das dem von Donald Trump erschreckend ähnelt, grinst aus einer völlig zerfressenen Liegestatt. Die Matratzen-Outlet-Eigner wissen Rat, wie man die Anwe-senheit von Donald, der Wanze, im eigenen Bett vermeiden kann: «Seuchenmediziner und Geschlechtskrankheitsfor-scher empfehlen alle zwei Jahre Matratzenwechsel.» Hop-pala, unwillkürlich fange ich an, nervös im Schritt rumzu-kratzen, juckte da nicht schon gerade was?

Erst das folgende Ladenlokal lässt mich wieder angstfrei weitergehen: ein Shisha-Räucherstübchen mit zusätzlichem Bubble-Tea-Angebot. Wäre etwas Zeit, könnte man hier und jetzt dem Dschihad die schönen Seiten abgewinnen und mit ein paar rotbärtigen Konvertiten die Spuckevase vollüllern. Allein, es drängt mich voran, denn im Fenster nebenan sitzt ein halbes Dutzend blutjunger Asiatinnen mit vorgeschnall-tem Mundschutz und fiedelt einer nämlichen Zahl alter wei-ßer Tanten auf den Fingernägeln rum. Warum, verrät das Schild an der Tür: «Nail-Studio Wing Tsun», überraschen-derweise fehlt der Hinweis, dass weiter unten nicht gefiedelt wird – wohl deshalb, weil die Kundschaft fast ausschließlich weiblich ist. Asiatisch geht's auf der Straße auch gleich weiter, eine Kampfsportschule bietet Anfängerkurse in Wan-Tan-Technik an. Von der oben bereits erwähnten Schleimsuppe her war mir der Name ein Begriff, als Kampftechnik allerdings neu, womöglich geht es darum, so viel Nasenwasser abzusondern, dass der Gegner ausrutscht und sich auf die Fresse legt – aber ich rate natürlich nur. Jetzt wird's noch exotischer: Ein Reisebüro mit kyrillischer Schrift über der Tür bietet Flüge mit einer kyrillischen Fluggesellschaft in Orte mit kyrillischen Namen. Ohne einen davon entziffern zu können, weiß ich sofort, dass ich da nicht hinwill, die modrigen Gardinen hinterm Fenster und die Machorka rauchende Gulag-Fachkraft hinterm Resopaltresen sind mir Zeichen genug.

«Gold Ankauf sofort» wirbt es nebenan und zielt wohl auf eine in Not geratene Kundschaft, die ihr letztes Gut, wenn nicht ihr Gebiss verkaufen muss. Vielleicht, um ein paar Schritte weiter im Casino to go den einarmigen Banditen damit zu füttern oder es bei Not Win, der Fußballwetten-Annahmestelle, zu verjuxen. Bei Friedhelms Family gibt's Kinder-T-Shirts für zwei Euro, und wenn sie nicht verbrannt oder verhungert sind, gehen davon 1,5 Cent an die anderen Kinder in Bangladesch, die die Fetzen zusammengenäht haben. Ist schon irre global, die Welt, und total gerecht, bei Nanu-Nana kannst du fair gehandelten Kaffee shoppen und dir im Tattoo-Studio chinesische Zeichen auf den Arsch lasern lassen, nur nicht vorzeigen dort, wo man die Sprache der Arschgeweihe lesen kann, die lachen sich 'nen Ast, wenn sie den tätowierten weißen Steiß entziffern. Von den acht Friseuren auf der Straße, an denen ich vorbeikomme, gab es nur einen ohne witziges Wortspiel im Namen: Schamhaar Ex 12 Euro, da weiß man, worum es geht, ahnt aber auch, dass die 12 Euro nicht reichen werden, um den Urwald zu roden. Beim Friseur «Fönix» muss man offenbar mit nasser Matte nach draußen, im «Hairport» gibt's Tomatensaft zur Frisur, und der «HaarleKinn» ist wohl eher ein Bartschneider.

Wir sind fast am Ende der deutschen Straße angelangt. Ein geschlossener Videoladen mit Erwachsenenbereich erinnert an eine Zeit, als man vor dem Wichsen noch mal rausmusste, um eine Kassette zu besorgen. Der Laden von Ulla Popken ist kein Puff für kleine Übergewichtige, sondern kleidet sie nur ein, und in Murats Anatol Grill gibt's Pizza Grünkohl, weil es ist ja die Zeit.

Vor mich hingöbelnd, verlasse ich die deutsche Straße Richtung Notausgang und bin sicher, es kann überall gewesen sein: Hamburg, Bielefeld, Köln oder Freiburg!

DER FLOHMARKTBESUCH

Ein Sonntagvormittag zum Vertrödeln – was böte sich da
eher an als der Besuch eines Flohmarktes. Aus vergangenen
studentischen Tagen sind mir die Märkte noch als ein El-
dorado antiker Preziosen und Kuriositäten in Erinnerung.
Und so hoffe ich auch heute nach so vielen Jahren, wieder
mal den ein oder anderen Schatz nach Hause zu tragen.
Doch wie hat sich die Zeit geändert. Der Flohmarkt mäan-
driert nicht mehr durch historische Altstadtgassen, sondern
breitet sich auf dem Parkplatz vor einem Möbelcenter aus,
direkt an der Autobahn. Dort ist jeden Sonntag Flohmarkt,
und der erste Augenschein vermittelt den Eindruck, hier er-
führe Müll seine letzte Bewährung. Nichts von dem aufge-
bahrten Krempel spricht mich an, es sei denn, ich verspürte
spontan eine masochistische Lust, den rattigen Hausmüll
anderer Lebendgebärender für Geld mit in die eigene Höhle
zu schleppen.

Ein Flohmarkt der Gegenwart ist der Abgesang auf Pa-
tina, Antiquitäten oder durch langjährigen Gebrauch ge-
adelte Dinge – hier ist einfach alles nur müllig und stinkt.
Kaum etwas scheint in den letzten fünf Jahrzehnten produ-
ziert worden zu sein, das des Aufhebens wert wäre.

Zu Beginn der Siebzigerjahre muss sich die gesamte Kon-
sumgüterindustrie darauf geeinigt haben, nur noch fabrik-
neuen Schrott auszuliefern, der maximal zwei Jahre lang
seine wahre Identität verschweigt. Dennoch werden ganze

Müllhalden davon in den Kellern und Garagen aufbewahrt, weil man noch vom Opa weiß, dass Dinge, wenn man sie pflegte, ein Leben lang halten und man sie sogar noch vererben kann. Soll Opa heute mal versuchen, seinen alten VHS-Rekorder dem kleinen Maik-Dustin zum Geburtstag zu schenken, der wird ihm was husten.

Dennoch trennen sich die Menschen nur schwer von dem Schrott und schleppen ihn am Wochenende zu den Möbelhausparkplätzen in der absurden Hoffnung, da kämen womöglich konsumhungrige Naturmenschen frisch vom Schiff aus Papua-Neuguinea vorbei – die würden sich doch womöglich für den alten Kenwood-Receiver begeistern lassen.

In der Tat sehen die vorbeiwackelnden SlimFast-Vorher-Models immerhin fremd genug aus für jemanden, der seine Mitmenschen nur aus ARD und ZDF kennt. Brennt das Zentralgestirn nämlich über zwanzig Grad vom Himmel runter, dann gewandet sich die durchschnittliche Speckbulette in kaum mehr als zerbeulte Leibwäsche. Elitepartner.de würde den ganzen Besatz als Beifang zurück ins Meer schmeißen. Sie wackeln an den Ständen vorbei, erkundigen sich nach Preisen für Dinge, die normale Menschen noch nie außerhalb von Flohmärkten gesehen haben, z. B. fotorealistische Glitzerbilder mit löwenmähnigen Blondinen und Schlittenhunden. Wenn sie aber etwas kaufen, dann gern abgelaufene Fleischwurstpakete oder günstige Bohrersets aus chinesischer Weichstahlfertigung.

Ansonsten amüsiert man sich köstlich, dass hier auf dem Markt noch feilgeboten wird, was man selbst hätte längst womöglich fast auf den Müll geworfen. So hat der Flohmarkt schlussendlich immerhin eine sozialtherapeutische Funktion – er gibt den Rumschlurfenden das Gefühl, noch nicht der Allerletzte, das Omegatier in der Primatenhorde zu sein.

Mit diesem Gefühl des über allem stehenden Bescheid-wissers will ich gerade die Biege machen, als mein Blick zwischen lauter Plastikunrat auf ein SABA-Röhrenradio fällt. Der Betreiber des Standes hat sogar verstanden, das Radio ans Netz anzuschließen, sodass heitere Melodeien hinaus in den sonnigen Vormittag perlen – aus einem SABA Freiburg 14, wie ich aus verstohlenen Augenwinkeln erkenne, dem Flaggschiff der Schwarzwälder Apparate-Bau-Anstalt. Es scheint sogar den Aufenthalt bei den Wilden überlebt zu haben. Der häufigste Tod alter Röhrenradios – Mama hat eine nässende Topfblume zur Zierde obendrauf platziert – ist ihm offensichtlich erspart geblieben. Ganz vorsichtig versuche ich, unter weitestgehender Verheimlichung meines Kaufinteresses, den Preis zu eruieren. Als weitere Tarnung befleißige ich mich eines vermuteten Proll-Dialekts, um nicht vermögend zu erscheinen.

«Wassen muss dat olle Dampfradio dor hinne denn bringen?»

Ein SABA Freiburg 14 in dem Zustand ist selbst unrestauriert für ein paar Hundert Euro gut. Und sollte das Empfangsteil nicht mehr zu retten sein, stellen die SABA-Greencone-Lautsprecher immer noch einen Wert dar. Leicht fiebrig wartete ich auf die Ansage des Verkäufers.

«Unter 'nen Fuffi geht der Kasten nich wech, funktionuckelt ja alles.»

Die Regeln des Flohmarkts wollen es, dass man um den Preis feilscht, gleichgültig, wie günstig er einem auch erscheinen mag. Wer nicht feilscht, macht sich des Reichtums verdächtig und muss mit einer preislichen Nachjustierung rechnen.

«Ich sach mal vierzig, und gut is.»

Darauf geht der Verkäufer gar nicht ein und prustet los: «Viazich, hast du einen anne Marmel, das Teil is von unsern Oppa, der war Beamta, und jetz komms du.»

Keine Ahnung, was der Status des Erblassers mit der Preiskalkulation zu tun haben mag, aber ich gebe mich schon fast geschlagen.

«Gut, Chef, ich gebe dich fümmenvierzich.»

Der falsche Akkusativ hat die gewünschte Wirkung des kumpelhaften Anbiederns verfehlt, denn die Antwort kommt sofort und energisch.

«Sach ma, red ich schienesisch, nich unter 'nen Fuffi hab ich gesagt, denn der Kasten ist komplett von mir selbst restauriert.»

Ich gebe auf, was soll's, ein SABA Freiburg 14 gibt's nicht an jeder Ecke, das ist die fünfzig Euro in jedem Fall wert. Was soll der Idiot da schon «restauriert» haben, jedenfalls hat er nichts unwiederbringlich zerstört, denn der Freiburg spielt ja.

«Gut, ich schlag ein, fünfzig Euro, Sie haben gewonnen.»

Den anwanzenden Ton hab ich abgelegt, es bringt ja nichts mehr, der Kampf ist verloren – aber auch gewonnen, ich habe dem Kretin einen SABA Freiburg 14 für ein Nasenwasser abgeluchst. Genau für solche Deals geht man ja auf den Flohmarkt. Damit das Glück nicht noch in letzter Sekunde zerbirst, reiche ich den Fünfzigeuroschein rüber und verlange nach dem Gerät, um es in Sicherheit zu bringen, bevor der Vollidiot seinen Fehler bemerkt.

«Danke für den Fuffi, Meista, und viel Spaß mit dem ollen Kasten.»

Endlich halte ich meine Beute in Händen. Doch wieso ist das Gerät so leicht? Normalerweise geht man unter einem Freiburg 14 ganz schön in die Knie, ich überlegte ja schon die ganze Weile, wie ich die dreißig Kilo heil zu meinem Pkw bugsieren könnte.

«Ach ja, Meista, weshalb ich so viel dafür haben wollte: Ich hab den ganzen ollen Röhrenscheiß und die Pappelautsprechers rausgerissen und da den China-Transistor von mein Bengel reingebaut. Vorne siehts aus wie bei Oppa, inne drinne isses hochmodern. Wenn du Sender verstellen willz, musste hinten reinpacken, aber aufpassen, dasse keine durche Knochen kriegst. So und jetzt Abflug, andere wollen auch noch was kaufen.»

In mir tobt ein Hass, als hätte jemand die Mona Lisa übergepinselt oder Altöl in eine Ming-Vase abgelassen.

DER NEUE AMAROK

Diese Geschichte entstand, als ich mir vor etlichen Jahren ein neues Auto gekauft habe. Das ist jetzt keine sensationelle Nachricht, ich wollte es aber einfach mal gesagt haben. Sonst habe ich mir nämlich meistens gebrauchte Autos gekauft, wegen des immensen Wertverlustes in den ersten Jahren.

So weit, so richtig. Alte Autos haben hauptsächlich deshalb keinen Wertverlust mehr, weil wo nix is, kann auch nix mehr weniger werden. Der Wertverlust meiner Schatulle hingegen steigerte sich von Monat zu Monat, je älter der ausgelutschte «Youngtimer» wurde. Nur ein Beispiel: Früher nannte man die Leuchtmittel in den Scheinwerfern einfach Birne, die gab's an jeder Tanke und kosteten gerade mal fünf Mark oder heute eben fünf Euro. Jetzt ist der ganze Xenon-Kram verkapselt und kostet 800 Euro pro Seite. Und auch wenn nur eine Seite kaputt ist, muss man immer beide austauschen. Ich hab mal den Jungen in der Audi-Dialogannahme gefragt, wieso. Sagt er: «Sind immer zwei in einer Packung.» Da muss man noch froh sein, dass da nicht fünf drin sind.

Und so geht das immer weiter: Vergaser mit klemmenden Schwimmern gibt's schon lange nicht mehr, die Funktion übernehmen heute Injektoren, da kostet einer bei Audi 'n schlappen Tausi, und die rauchen bei 180 000 Kilometern planmäßig einer nach dem anderen ab. Hast du einen Achtzylinder, bist du erst mal den Tausi los und hast danach sieben Mal Angst. Wieso kostet das so viel, da muss sich doch nur der Mechatroniker über den Motor beugen: alten Injektor raus, neuen rein, fertig. Nein, das geht nicht, dann kriegt der Rücken, und das zahlt die Berufsgenossenschaft nicht. Also wird der gesamte Motor mit einem Kran rausgehoben, zwei Spechte mit dem Gehalt eines Harvard-Absolventen halten den Motor fest, und der dritte Specht prokelt dadrin so lange mit dem Schraubendreher rum, bis der Tausi voll ist.

Kurz gesagt: Ein altes Auto kann sich heute kaum noch einer leisten, und wenn's ein alter Diesel ist, dann darf man damit auch in keine Stadt mehr rein. Okay, ich hatte mir natürlich eine grüne Plakette besorgt. Also eher selbst gemacht: Bierdeckel mit grünem Filzstift angemalt und von innen an die Scheibe geklebt. Gut, nun kann man über die Intelligenz von Parkkontrolleuren denken, was man will, aber irgendwann wäre einer dahintergekommen, dass mein Kennzeichen nicht «Hasseröder Pils» lautet.

Ich war also, was den Kaufentscheid für ein anderes Auto betraf, schwer auf Krawall gebürstet. Kein deutsches Premiumfabrikat mehr mit diesem ganzen Komfortgedöns, sagen wir mal: einem Blutsensor für die Scheibenwischer, wenn man einen Radfahrer überfährt – das habe ich immer mit einem Lappen gemacht, geht doch auch. Nein, ich wollte überschaubare, halbwegs nachvollziehbare Technik.

Groß sollte er sein, viel Sprit verbrauchen und trotzdem eine grüne Plakette haben.

Da ein hiesiger Automobilhersteller gerade eine vierrädrige Schrankwand namens Amarok auf den Markt gebracht hatte, dachte ich: Warum nicht die?

Irgendwann nach gefühlten Erdzeitaltern konnte VW den Wagen tatsächlich liefern. Es hat etwas gedauert, weil der im ersten Produktionsjahr nur in Argentinien gebaut, dann zu uns importiert und in Emden wieder in seine Einzelteile Blech, Plastik und Pampahasen-Leim zerlegt wurde, um endgültig ein vorzeigbares Produkt für den Endverbraucher zu werden. Ich habe mal bei VW in Stöcken gefragt, warum die den Umweg der Rohstofflieferung über Argentinien machen, wenn sie den Wagen sowieso in Deutschland komplett neu wieder zusammenbauen. Da sagte mir die eine von denen: Das sei Globalisierung, jeder mache das, was er am wenigsten kann.

Argentinien, das muss man sich mal vorstellen, da lassen die ein neues Automodell bauen. Also nicht die alten Produktionsbänder vom Golf I, sondern ein Modell, das es noch nicht gab. Ich meine, die Argentinier haben einen Krieg gegen ENGLAND verloren ... okay, haben wir auch, anderes Thema.

Ich habe mir jedenfalls so eine Pampa-Schleuder gekauft ... fällt mir gerade ein, wie läuft das eigentlich mit den argentinischen Steaks, werden die auch in Emden erst zu Gehacktes geschreddert und dann neu zusammengebaut?

So, das war jetzt wichtig für die Geschichte. Noch mal zur Erinnerung: Ich habe keinen Amarok aus Hannover, wo die danach gebaut wurden, sondern aus Placebo, der wie dieses Lamawämsernest in Argentinien heißt. Die Szene, die ich nun beschreibe, fand 2011 statt, als es nur Amaroks aus Guano von Neuweltkamelen gab.

Ich stehe mit dem Auto vor einem x-beliebigen Supermarkt in der Region Hannover. Ein Mann um die sechzig kommt auf mich zu.

Wieso kommt ein Mann um die sechzig auf mich zu? Die leben da! Alles ist da voll mit denen, wo sollen die denn auch sonst hin. Die sind mit achtundfünfzig in Frührente gegangen oder arbeitslos nach der Insolvenz von ihrem Tattooshop. Und dann hängen sie zu Hause bei Mama rum. Die ist nach drei Wochen spätestens total genervt: Sie kann nicht mehr «Rote Rosen» gucken, nicht mehr «Sturm der Liebe», sich nicht um halb elf den ersten Eierlikör in den Kaffee schütten, denn im Fernsehzimmer sitzt jetzt der Stinkstiefel und kippt sich das dritte Oettinger hinter die Binde, während auf D-Max «Panzerbrechende Waffen II» läuft. Also sagt sie zu ihm: «Kalleinz, wir machen das wieder wie früher: Du gehst um halb sieben aussen Haus und lässt dich vor achtzehn Uhr hier nicht wieder blicken.»

Ja, wo soll der arme Mann hin mit seiner kleinen Rente? Er geht zum Supermarkt-Parkplatz, wo die anderen auch alle sind.

Da ist es billig, und der Backshop hat sogar ein Außengehege, wo man rauchen kann. Davor stehen zehn, zwölf Rollatoren, das ist die mobile Eingreiftruppe, wenn mal was passiert.

Ich hatte also meinen Amarok in Sichtweite der Rentnergang geparkt und wollte schnellstmöglich die Heimfahrt antreten. Beim Entriegeln des Fahrzeugs ist mir der Schlüssel runtergefallen, sofort springt einer der Tagediebe auf und legt los.

«Und? Wie biste damit zufrieden?»

Als Pick-up-Besitzer wirst du automatisch geduzt, weil alle denken, du bist der letzte Honk aus den Blue Mountains oder so, der einmal pro Monat in die Stadt fährt, um frische Kondome für Opa zu besorgen und im Edekaladen Waschbärenfelle gegen 9-mm-Munition und zwei Kanister Whisky einzutauschen. Trotzdem antworte ich ihm in aller Freundlichkeit:

«Toller Wagen, fährt sich wie 'n Pkw, prima Zuladung, Anhängerkupplung kann man nicht abnehmen, kommt sie auch nicht weg ...»

So beginne ich das Loblied auf den Neuerwerb zu singen, man will ja nicht als Vollidiot dastehen, der sich einen Schrotthaufen hat andrehen lassen. Doch der Duzer hat gar nicht zugehört und würgt mich mitten im Lobgesang ab.

«Mein Bengel, der baut die nämlich in Hannover. Ohne den, sagt sein Kolonnenführer, könnte Winterkorn den Laden dichtmachen, jaha, mein Bengel.»

«Ömmm, der wird noch gar nicht in Hannover gebaut, sondern in Argentinien», versuche ich einzuwenden.

«Was soll das heißen, dass mein Bengel lügt oder was? Fährt jeden Tag mit Thermoskanne nach Stöcken, und statt da diesen Anorak zu bauen, vögelt er sich durch die Siedlungen, oder was willste damit behaupten?»

«Wenn er nach seinem Vater schlägt, macht man ihm nicht mal die Tür auf» – nein, das hab ich natürlich nicht gesagt, sondern: «Der ist sicherlich», versuche ich zu beschwichtigen, «an der Produktion des aktuellen Transporters T5 beteiligt.»

«Wie jetzt beteiligt, mal 'ne Schraube anreichen oder wie? Mein Bengel, hat er mir hoch und heilig versprochen, er baut diese Amarockse bei sich aufe Abbeit. Hunnertprozentich.»

«Erst ab Juni 2012.»

«Nänänä, ich seh ihn doch, wie er jeden Morgen losfährt, halb fünf muss er los. Ohne ihn fangen die gar nich an, da läuft das Werk auf Stand-by.»

«Die bauen da auch noch die Karossen für den Panamera.»

«Panamarena? Was soll das jetzt sein?»

«Das ist son Viersitzer-Sportwagen, da fahren reiche Mütter ihre Annalenas mit zum Kindergarten.»

«Den soll mein Bengel bauen? Ein Frauenauto? Hahahahahaha. Wusstest du, das in Deutschland Männer Beach-Volleyball spielen?»

«Ja, die haben sogar in London mal eine Goldmedaille geholt. Aber was hat das denn damit zu tun?»

«Es wird immer schlimmer. Ich sag dir, wenn Schwulsein Pflicht wird, dann wander ich aus. Und du, warste schon mal im Werk und hast dir alles zeigen lassen, wo se deinen Ambowrak bauen?»

«Erst ab Juni 2012.»

«Haste vorher keinen Termin gekriegt? Is klar, mein Bengel sagt auch: Da wollen alle hin zum Gucken, das is ein Gedicht, was die da an Maschinen reingeholzt haben. Mein Bengel hat drei Pressen und zwei Türken unter sich.»

«So, ich muss jetzt aber mal weiter.»

«Mach mal eben an, dass ich den Sound mal höre.»

«Das ist ein ganz normaler Biturbo-Diesel.»

«Ausse Weltraumforschung.»

«Was sollen die im Weltraum mit Dieselmotoren?»

«Da ist doch der Iwan zugange, der hat doch bloß Dieselmotoren, wundert einen fast, dass da kein Öl von dem alten Schrott hier runter aufe Erde tropft. Man weiß ja, wie der Iwan so is. Du, und das eine sag ich dir, da oben im Weltraum, da kannst du alles gebrauchen, da bist du über jeden noch so kleinen neuen Dieselmotor froh.»

«Mag sein, ich war noch nicht da oben.»

«Mein Bengel wollte früher Astronaut werden, aber dann hat er sich doch gegen Astronaut entschieden und ist zu VW gegangen wegen Heimschläfer, er war ja damals schon mit Astrid zugange.»

«Schön, nun muss ich aber.»

«Guck an, Ledersitze, soll bei Inkontinenz gar nicht so praktisch sein, sagt mein Bengel.»

«Ich bin aber gar nicht inkontinent.»

«Noch nicht, kommt schneller, als man denkt. Lass dir das von einem alten Fahrensmann gesagt sein. Deswegen sind hinten die Ablauflöcher in der Pritsche, läuft alles aufe Straße.»

«Wollen Sie behaupten, dass Leute, die einen Pick-up kaufen, hauptsächlich Inkontinente auf der Ladefläche rumkutschieren?»

«Weiß ich nicht, aber sag selbst, wozu dann die Löcher, das machen die bei VW doch nich aus Jux und Dollerei, kostet doch auch Geld, und wenn's 'nen Argentinier is, der da noch mal eben mit dem Akkubohrer dran langgeht.»

«Jetzt haben Sie's selbst gesagt, *Argentinier*, da wird der nämlich gebaut und nicht bei Ihrem Bengel in Hannover.»

«Is auch egal, der Bengel wird dies Jahr fünfundzwanzig, ein Jahr noch, dann geht er in Betriebsrente ...»

24

«Schön für Ihren Bengel. Würden Sie mal eben Ihren Einkaufswagen an die Seite schieben, dass ich zurücksetzen kann?»

«Wieso. Haste kein Parkpilot? Was is das überhaupt fürn Paket?»

«Wie jetzt Paket?»

«Wo Parkpilot mit bei is. Chrompaket bei Comfortline, oder is das bloß Trendline? Seh ich grad, is auch ohne Bimbobügel.»

«Was fürn Bimbobügel?»

«Wo sich die Schwatten dran festhalten können hinten aufe Pritsche, wenn Massa sie nache Baumwollfelder bringt.»

«Sie meinen diesen verchromten Überrollbügel. Nein, den hab ich nicht, ist eh nur Zierrat.»

«Oder du machst nich in Baumwolle?»

«Ich fand den sowieso schon immer albern. Der nennt sich auch Styling Bar.»

«Du bist auch so 'ne Styling Bar. Stell dich da mal dran, da stellt dir keiner 'nen Pils hin an deine Styling Bar. Aber der Androback wird ja haupsächlich nache südlichen Länder verkauft, sagt mein Bengel, deshalb dieser Festhaltebügel hinten für die Minenarbeiter und so weiter. Das soll da unten Gesetz sein, dass du deine Leute nicht einfach so aufe Ladefläche stellen darfst, deshalb muss dieser Sicherheitsbügel dran sein, sagt mein Bengel. – Das kommt vom TÜV, der is ja überall auf der ganzen Welt, da gibt's kein Entrinnen. Morgen soll's wieder regnen, habense im Apparat gesagt. Is mir aber egal, ich werde morgen operiert, an sich schneiden die nich am Freitag, aber na ja … So, jetzt hast du mich lange genug aufgehalten, ich muss noch in Discount rein und Bier einkaufen, mein Bengel grillt heute Abend mit seine Kumpels. – Seh ich gerade, du hast auch Bier gekauft: Einbeckser – und wie biste damit zufrieden?»

Ich hatte mich schon in meine Fahrgastzelle geflüchtet, eine Fortsetzung des Gesprächs dieser Art hielt ich nicht mehr aus. Von innen hörte ich noch, wie der Mann sagte:

«Das wird ja hier in Hannover gebraut, sagt mein Bengel. Einbecks Chilled Orange, das is mit Pflaumengeschmack, da stinkt die Kotze nich so von, sagt mein Bengel, hahahaha, ja, wird hier in Hannover gebraut …»

Diesen Supermarkt habe ich fortan gemieden.

DIE BRATWURSTBUDE

Gibt es einen schöneren Ort, um die Gewissheit zu vertiefen, welch erbärmlicher Erdenwurm man doch ist, als eine deutsche Bratwurstbude? Sie ist die Metapher aller Sinnlosigkeit menschlichen Bemühens, sie unterscheidet nicht zwischen Arm und Reich, nicht zwischen schön und verwarzt, sie behandelt jeden Menschen gleich scheiße. Lenin, der Erfinder der zweitbescheuertsten Form des menschlichen Zusammenlebens, nahm sich einst die deutsche Bratwurstbude als Vorbild für die Idee des Kommunismus: Es ist an sich genug da, trotzdem muss jeder auf Zuteilung warten, oft jahrelang.

Während andere Nationen ihre Straßenschnellgerichte über EINE Theke nach draußen reichen, gleich ob Crêpes, Döner oder Pizza, haben die Bratwurstlogistiker das teuflische Rondell erfunden. Eine zertifizierte teutonische Rostbratwurstausgabestelle hat mindestens vier, wenn nicht gar sechs Seiten, und an jeder kann das Produkt erworben werden, prinzipiell. Doch die Wirklichkeit sieht anders aus: Üblich ist es z. B., eine Seite gar nicht zu versorgen, auch wenn sich die Kundschaft dort die Seele aus dem Leib schreit. So lernt der Deutsche beizeiten die Demut vor dem Ausgabeschalter gleich welcher Art. Selbst am menügesteuerten Fahrkartenautomaten, der ja nur über eine Ausgabeseite verfügt, schreit der Deutsche nicht rum, sondern wartet voller Ergebenheit, bis sich der darin wohnende Algorithmus seiner erbarmt. All das hat er von der Bratwurstbude gelernt. Ihr Prinzip ist so einfach wie undurchschaubar, nie sind Willkür und Verlorensein so eindrucksvoll in zehn Quadratmeter gegossen worden. Die Bratwurstbude an sich besteht aus zwei Welten: die der Bettler draußen und die der Wurstkapos im inneren Kreis. Wie und wann beide im Akt der Wurstübergabe zueinanderfinden, dafür gibt es keine Regeln, keine Vorhersagen, kein Garnichts. Wohl kann ein Computer jeden Schachspieler der Welt schlagen, aber nie wird er in der Lage sein, verlässlich und vorhersagegenau eine Bratwurst zu bestellen. Und wenn die ganze Welt voll iPhones wär, so gäbe es darin keine App, die mir sagte, wann ich endlich zuteilungsreif bin im Angesicht der schwitzenden Grillknechte.

Dies, liebe Freunde, ist darum die Geschichte einer alltäglich drohenden Niederlage, wie sie jeden von uns ereilen kann. Doch so viel darf schon verraten werden: Es gibt ein Happy End.

«Ein Sonntagnachmittag zum Söhnezeugen», hätten unsere Väter gesagt in der guten alten Zeit. Die Sonne scheint, die Fliegen summen ihr ewig gleiches Lied, und von ferne weht Pawlow'sche Blasmusik heran. Wenn auf verbeulten Messingeimern schräg und laut «Schützenliesel» gespielt wird, dann bildet sich auf meiner geistigen Zunge der Geschmack von Bratwurst. Ich kann rein gar nichts dagegen unternehmen. Ich glaube sogar, dass die Blechbüchsenmusik ihr Überleben allein der archaischen Verbindung mit dem Bratwurstgeruch verdankt.

Wie ein Steppenbrand wütet die virtuelle Bratwurst alsbald in meinem Hirn, alle Sinne brennen lichterloh: Ich sehe sie, ich höre das Zischen des heruntertropfenden Fetts auf glühender Kohle, ich spüre die Hitze des Grillfeuers in meinem Gesicht, ich rieche den gerösteten Schafdarm, ich schmecke nichts als BRATWURST: Ich muss jetzt sofort eine essen.

Aufs Fahrrad schwingen und zum Schützenplatz eilen sind eine einzige Bewegung. Da ist sie, die Mutter aller Köstlichkeiten, verheißungsvoll steigt unter blauer Plane der Holzkohlenrauch empor. Drinnen zirpen vier, fünf Grillfachkräfte andächtig vor sich hin und bilden zusammen ein neues Wesen, bestehend nur aus Rücken. Jeder kennt dieses Bild von tibetanischen Moschusochsen, die ihre Kälber in der Mitte schützen wollen, nur hier ist es andersherum: mit dem Hintern zum Publikum und nicht zur Mitte. Keiner weiß, was dort in der Mitte geschieht, sicher ist nur, da steht die heiße Esse – aber es können doch unmöglich fünf Leute damit beschäftigt sein, die Rohlinge über der Glut zu wenden? Spricht die Grillgruppe dort zusammen ein Gebet, ist es eine Schweigeminute für die Schweine, die ihr Leben hingaben für die Wurst?

Bei näherem Hinsehen entdeckt man, dass einer der Andächtigen eine große hölzerne Zange in der Hand hält und jeder der anderen ein Stück Pappe. Niemand bewegt sich. Ein schönes Bild des Friedens, wäre da nicht der Pawlow'sche Teufel im Hirn, den es nach Fleisch dürstet.

Den anderen rund ums Rondell geht es anscheinend ähnlich, denn schließlich durchbricht eine zarte Eunuchenstimme die Stille: «Hier kommt eine Brat.» Was denn sonst, sagen die Blicke, die töten könnten, die der Nachfragekonkurrenten. Aber als hätte das dünne Stimmchen eine Mure losgetreten, geht jetzt das Geschrei von allen Seiten los:

«Eine Brat hierhin, Chefin!»

«Für mich zwei Brat auf eine Pappe!»

«Vier Schinkengriller, zwei Brat und 'ne Curry, Frollein!»

«Eine Brat!»

«Die Zigeuner geht mit Pommes dabei!»

«Zwo Käsegriller!»

«Eine Brat!»

«Die Krakauer, kann ich die zum Mitnehmen kriegen?»

«Die drei, die sind hier, Chefin!»

«Die dunkle hätt ich gern!»

«Eine Brat!»

«Chefin, statt den Schinkengriller doch lieber 'ne einfache Brat!»

«Mit Mayo die Pommes!»

«Der Senf is alle, Chefin!»

«Ohne Brot, nur 'ne Brat!»

«Zweimal einmal 'ne Krakauer, Meister.»

«Eine Brat!»

Die Kakofonie steigert sich in ein ohrenbetäubendes Crescendo, aber keiner der Sänger durchbricht den Panzer der Moschusochsen am Rost. Erst als es scheint, alle hätten schon aufgegeben, dreht sich einer um und sagt den magischen Satz.

«Wer bekommt die Brat?»

Abertausend Finger durchbohren den Qualm unterm Zeltdach der Hütte, und aus abertausend Kehlen ruft es:

«Ich bin die Brat!»

Aber es kann nur einen geben, der sie bekommt. Und es

ist der Unwürdigste unter den Kunden, ein hutzelig Männlein, das nicht einmal am vorherigen Schreiwettbewerb teilgenommen hat. Humorlos stellt der Moschusochse ihm den vorbildlich durchgebräunten Riemen vor den Bauch. Abertausend Blicke sagen nur ein Wort: Hass!

Als stünde er im Wettbewerb um zynische Sprüche, bellt der Grillochse in die Runde:

«Bekommt noch jemand eine Brat?»

Welch eine Frage. Alle dreißig Opfer, die hier um den Kraal versammelt sind und denen der Geifer aus den Mundwinkeln tropft, wollen nichts weiter als leiden und getreten werden oder was?

Jetzt ja nichts Falsches sagen, nur nicht auffallen. Es sind diese Sekunden, die über das Schicksal entscheiden. Ein verstohlener Blick hat mir verraten, dass maximal zwölf durchgebräunte Premiumwürste auf dem Rost liegen, es aber mindestens zwanzig Interessenten gibt. Selbstredend haben die Grillkapos keine weiteren Rohlinge aufgelegt, solange noch nicht alle durchgebratenen Würste verkauft sind. So etwas wie antizipierende Käufernachfrage kennt der normale deutsche Bratbulle nicht.

Da ist er sich übrigens einig mit dem Kollegen aus der Bierbude, dem ja auch der Marketingbegriff «Vorzapfen» nie beigebracht wurde. Um den Abverkauf von Bieren möglichst nervtötend zu gestalten, gilt das Prinzip «Alles aus einer Hand»: Glas nehmen, zapfen, warten, bis der Schaum sich etwas verflüchtigt hat, neu zapfen, wieder warten, das Ganze vier-, fünfmal, mit dem Bier in der Hand doof in die Runde glotzen, weil man über die vergangenen zehn Minuten vergessen hat, wer es bestellte, dann zu irgendeinem anderen hinschlappen, Bier abstellen, Fünfzigeuroschein nehmen, fragen, ob er's nicht kleiner hat, abwarten, bis der Angesprochene seine sämtliche Barschaft durchgeflöht hat, um schließlich zu sagen «Tut mir leid, hab's nicht kleiner», zur Kasse wanken, warten, bis der andere Zapflurch mit seinen Siffgriffeln aus der Kleingeldlade verschwunden ist, passendes Wechselgeld zusammensuchen, doof in die Runde glotzen, irgendjemandem 47 Euro 20 hinknallen, wieder doof in die Runde gucken und «Nur keine Hektik» brüllen.

So in etwa läuft's an der Bierausgabestelle. Die unterscheidet sich allerdings vom Bratschalter darin, dass Bier ja keine Halbfertigware ist wie die Wurst und an sich rasend schnell verteilt werden könnte – an sich.

Zurück zur alles entscheidenden Sekunde an der Schmurgelbude: Um einer von den zwölf Jüngern am Mittagmahl des Herrn zu werden, die eine Wurst aus der durchgebräunten Charge bekommen, muss man jetzt genau das Richtige sagen. Völlig falsch ist: «He, Chefin, wird's bald, ich warte hier schon eine halbe Stunde.» Das habe ich einmal getan und mir die Antwort abgeholt: «Kauf dir doch selber 'ne Bratwurstbude.» Seither bin ich vorsichtig. Auch der Klassiker «*Hier* kommt 'ne Brat!» führt zu nichts. Mein Bestelltipp, und den verrate ich hier nur sehr ungern, lautet, sich, ohne zu schleimen, ganz sachlich leicht vornüberbeugen und in freundlichem Ton folgenden Satz formulieren: «Entschuldigung, ich hatte die fünf Bratwürste auf einer Pappe bestellt.» Da wird selbst eine abgebrühte Grillette schwach: Fünfe auf einmal verticken, ein scheuer Blick auf die Multiplikationstabelle am Pfosten – «Das kleine Einmaleins mit

2,80» – macht vierzehn Euro, nur einmal hinlatschen, nur eine Pappe, ein Euro Eigenbehalt Trinkgeld locker.

Zack, die Sache ist entschieden. Die schwitzende Bratmamsell stellt mir fünf herrlich durchgebräunte Würste hin, kassiert die fünfzehn («Rest für Sie»), ich werfe die oberen beiden sofort in den Abfallbehälter, da das feiste Grillfrollein dort ausgiebigst mit den Fuddelfingern rumgefuhrwerkt hat – und ich gesehen hatte, wo die vorher waren. Bleiben noch drei herrliche wohlschmeckende, perfekt gegrillte Bratwürste. Zwei esse ich mit großem Vergnügen, die dritte geb ich meinem Hund. Spätestens da hätte mich jeder der Umstehenden völlig ohne Reue abgeknallt. So trolle ich mich lieber schleunigst und danke dem Herrn für die rigiden Waffengesetze in unserem Land.

DIE HERRENTOILETTE IM HAUPTBAHNHOF

Wenn der Reisende, aus Seelze oder Peine kommend, zum ersten Mal mit dem Hauptbahnhof hannoverschen Boden betrat, umwehte ihn sofort der verruchte Brodem der Metropole. «Hier», dachte er, «hat Fritze Haarmann sein Mittagessen angesprochen.» HAM HAM dräute aus der finstersten Ecke des Gebäudes eine Reklametafel und gemahnte an den berühmten Anthropophagen von der Leine. Durchmaß der Reisende die große Wandelhalle unter den Gleisen, stieß er immer wieder auf Schächte, die den Blick freigaben in die Unterwelt des Bahnhofs. Drunten in der Passerelle wimmelten die lichtscheuen Morlocks hin und her, verkauften Käseecken oder Heroin – je nach Tageszeit. Eine Etage höher atmete der riesige Schlund Menschen ein und aus: Pendler aus dem Deister stolperten schlaftrunken ihren 630-Mark-Jobs entgegen, Fahrschüler schubsten sich zum Ausgang. Dazwischen immer wieder Braunschweiger, finster dreinblickende Leute aus der Börde und bepackte Mütterchen aus den südlichen Mittelgebirgen. Der Hauptbahnhof Hannover verwirbelte sie alle zu einem bunten Völkergemisch. Hier, so erschien es dem staunenden Reisenden, ist der westliche Endpunkt der Transsibirischen Eisenbahn.

Bestärkt wurde er in dieser Auffassung umso mehr, wenn er männlich war und ihn eine volle Blase peinigte. Vergeblich suchte der Blick nach den schon damals DB-üblichen «Reisefrischcentern» oder «McPinkel» und blieb schließlich haften an der guten alten Vignette, die den Mann mit den gespreizten Beinen zeigt. Hier in Hannover arbeitete eine der letzten großen Herrentoiletten dieser Republik. Da gab es keine Schranke, die den Notdürftigen mit der fiebrigen Suche nach einem Markstück belästigte, da stand – wie es sich gehört – eine Blechschachtel auf einem wackligen Stuhl. Das Herzstück der Anlage war eine Krypta, allein dem Urin geweiht. Er bestimmte die Kopfnote des Geruchs, unterfüttert lediglich von einer olfaktorischen Basis hellgrüner Chemiedüfte. Schritt der Urineur dann zum Eigentlichen, erwartete ihn eine Wand weißer Porzellanmenhire, die in nüchterner Strenge von einer längst versunkenen Kultur dort aufgestellt worden waren. Da behinderte keine verschämte Sichtblende den Blick aufs Genital des Nachbarn. Wer hier blankzog, konnte nichts verbergen. Da wurde auch nicht in stetem Drang nach fortschreitender Individualisierung unserer Gesellschaft in solipsistische Becken gepinkelt, nix da: Alle strullten in dieselbe Rinne. Hier galt der König nicht mehr als der Bettler. Und alle, die da ihr Wasser abschlugen, taten dies in dem Gefühl, an einem gemeinsamen Projekt beteiligt zu sein. Facharbeiter oder Punk, Arbeitsloser oder Bankier, ihrer aller Harn vereinigte sich am Boden zum großen gelben Fluss, der die weiße Halle gen Norden durchströmte. Für rückwärtige Bedürfnisse standen im selben Raum zahllose Einzelkabinen bereit. Hier konnte der müde Wanderer einen Moment von der Hast der Metropole ausspannen. Den Zugang zu den Séparées regelte auch hier keine kalte Automatik, sondern ein Wärter, der auf Anfrage eine der Zellen aufschloss. Gegen ein geringes Entgelt erhielt man von ihm auch Handtuch und Seife und wurde im Gebrauch des Waschbeckens unterwiesen.

Es war vor allem dieses Fachpersonal, das den Zauber der ganzen Anlage ausmachte: hutzelige Männer in den besten Jahren, die vor nichts Angst hatten, hauptsächlich nicht vorm Lungenkrebs. Sie saßen da und rauchten und husteten und rauchten. Bisweilen öffneten sie eine Zelle oder feudelten durchs Revier, doch dann saßen sie wieder da und rauchten und husteten und rauchten. Manchmal stellte sich auch Besuch ein: andere rauchende Männer, die in der Eingangsschleuse des Sanktuariums Bierdosen ausschlabberten. Praktischerweise war der Toilettenanlage ein Kiosk angegliedert, der die wichtigen Dinge des Lebens an Ort und Stelle feilbot. Doch irgendwann war die vollste Blase leer, und der Reisende musste den verzauberten Ort zurücklassen. Voller Wehmut blickte er auf die rauchenden Männer und ahnte, dass dieser mystische Lokus, wie in anderen Städten auch, schon bald von einer antiseptischen Anlage hinweggefegt würde. Mit der alten Herrentoilette verlor Hannover eines seiner großen Denkmäler.

DREISSIG, VIERZIG, FÜNFZIG, SECHZIG …

Da ist er wieder, einer von diesen beschissenen Geburtstagen, diesmal der sechzigste. Von der eigenen Bezugsgruppe werden runde Geburtstage stets schamlos ausgenutzt, um blöde Scherze abzuliefern. Es ist nicht so wichtig, wie alt man wird, sondern dass man älter wird. Besonders an «runden» Geburtstagen tritt diese unausweichliche Tatsache des Lebens ins Licht. Bereits ab dem 30. Jubeltage nutzen Freunde und Bekannte die Gelegenheit, um Spott und Häme über das Geburtstagskind auszuschütten. Im Einzelhandel für überflüssige Dinge werden Tassen, T-Shirts und Glückwunschkarten mit «witzigen» Beleidigungen feilgeboten: «Auf dass du endlich so alt wirst, wie du heute aussiehst!» Oder noch empathischer: «Schmeiß Deinen Perso weg und lass Dich schätzen, dann bekommst Du Rente.» Noch unverheiratete Männer müssen an ihrem Dreißigsten die Rathaustreppe fegen. Diese Form der reziproken Ehrerbietung wiederholt sich nun mindestens alle zehn Jahre bis zum Siebzigsten. Mit vierzig ist der Mann ein «alter Sack» und erhält auch entsprechend witzig gestaltete Präsente, der fünfzigste Geburtstag beim Weibe gilt im Volksmund als «Frauen-Sechzig», bei den «Mädels» selbst hingegen als «gefühlte neununddreißig». Spätestens mit sechzig ist der Mann ein «Verwesungsanwärter», ein «Wrack», «Friedhofsgemüse» usw. Und für jeden dieser Scherze gibt es dann wieder eine Postkarte oder eine Kaffeetasse. Das ist nicht nur bloß mäßig lustig, sondern eine Art Pfeifen im Wald, nämlich die vermeintlich scherzhafte Verdrängung der eigenen Vergänglichkeit. Hätte man meinen Großvater zu seinem Neunzigsten eine Witzepostkarte mit einem «alten Sack» überreicht, er hätte die stets griffbereite Langwaffe neben dem Nachtschrank gezückt und dem Gratulanten eine Ladung Rehposten auf die Schwarte gebrannt. Irgendwas ist in den letzten Jahrzehnten gehörig schiefgelaufen, dass Familienfeste zum Anlass genommen werden, um der eigenen suboptimalen Witzigkeit Zunder zu geben. Warum muss ein männlicher Hochzeiter beim schweinelustigen Junggesellenabschied in Schlüpfer und BH durch die Fußgängerzone laufen? Es ist doch schön, dass er ein Wesen gefunden hat, das mit ihm ein paar Jahre des Lebenswegs gemeinsam beschreiten mag, da freut man sich einfach mit ihm, und gut ist es. Warum muss man ihn deshalb zum Blödmann machen? An sich ist es auch schön und nicht selbstverständlich, dass jemand sechs Jahrzehnte hinter sich gebracht hat, ohne sich mit allen zu verkrachen oder sich selbst ins Elend zu stürzen. Darüber sollten alle froh sein und das schäbige Finanzamt am besten ein hübsches Sümmchen refundieren als Dank für nicht abgerufene Transferleistungen. Stattdessen aber ergießen sich Hohn und Spott über den Jubilar.

Hat man diese sinnfreie Zäsurfeier endlich hinter sich gebracht, ist man tatsächlich sechzig, und nichts hat sich geändert. Trotzdem meint der Sechzigjährige, er selbst müsse jetzt auf der Zielgraden noch mal in den Ablauf eingreifen. Nicht mehr so viel saufen, Sport treiben und Sachen in Museen angucken sind noch die harmloseren Kehrtwendungen. Bei Männern, wenn sie's mit fünfzig verpasst haben, ist jetzt der Austausch des Geschlechtsgegners beliebt, bei Frauen Zumba-Tanz.

Wer als Mann mit sechzig noch berufstätig ist, denkt mit Schrecken daran, dass diese schöne Zeit bald vorbei ist und er demnächst mit seinem Rochen die Nachmittage an der Käsetheke verbringen muss. Seine Frau denkt dasselbe. Doch noch sind's ein paar Jährchen, und da kommt dem ein oder anderen das Gespenst von der Work-Life-Balance in den Sinn. Der Naive glaubt, es handele sich dabei um ein menschenfreundliches Gleichgewicht zwischen entfremdetem Gebuckel und lustigem Verwirklichen seines Batiktalentes. In Wirklichkeit geht's um die arbeitgeberfreundliche Abschiebung der Rostlaube in die Frührente auf Kosten der Sozialkassen.

Was also rät man einem Sechzigjährigen? Gelassenheit und möglichst die größten Peinlichkeiten vermeiden: keinen Porsche kaufen oder erst recht. Nicht mit den Kumpels auf geliehenen Harleys am Wochenende durch den Harz eiern. Nicht nur von Käse und Wein labern. Keine Hoodies tragen und Lederjacken nur, wenn man das schon immer getan hat. Kein Botox in den schlaffen Hintern spritzen. Nicht in der Visage rumschneiden lassen. Haare färben ist nur bei Frauen erlaubt. Dasselbe gilt für Zumba-Tanz und die meisten VHS-Kurse. Neue Sexteilnehmer oder -innen sollten mindestens zehn Jahre älter sein als das eigene halbierte Lebensalter. Kleiner Trost: Mit jedem Jahr, das man älter wird, wächst die Anzahl der potenziellen Partner, die jünger sind als man selbst (Lothar-Matthäus-Regel).

Ansonsten hat man bei halbwegs stabiler Gesundheit noch einen Riesenspaß in Aussicht: das Greisenalter.

Denn als Greis interessiert uns die Zukunft einen Scheiß (Robert-Mugabe-Gesetz). Ich freu mich jetzt schon drauf: Als alter Mann kann ich endlich in Ruhe Auto fahren, denn dann bin ich einer von denen, die mich früher immer zu Tode genervt haben, werde es aber selbst gar nicht merken. Ich muss nie wieder blinken, darf immer zweiundvierzig fahren, und wenn die Ampel auf Grün springt, schaue ich in der Betriebsanleitung nach, wo der erste Gang der Automatik sitzt. Alle hassen mich, und Kinder halten Buntstiftzeichnungen mit einem Sarg darauf an die Scheiben von Muttis Porsche Cayenne. Doch ich, noch benebelt von der täglichen Drogenausgabe beim Kassenarzt, winke den kleinen Rangen fröhlich zurück. Die Natur, weise, wie sie ist, hat für das Alter einen Rückbau der Blitzmerkerregion im Großhirn vorgesehen. Hat man erst die siebzig eingetütet, schaltet der Zentralrechner auf Ecomodus – möglichst viele Gehirnzellen heil ins achte Jahrzehnt retten, das ist sein Begehr. Als Erste werden die Parzellen im Brägen totgelegt, die für unsere Selbstkontrolle zuständig sind. Wozu sich auch noch beherrschen oder korrigieren: Das Unterrum-Business ist eh abgefrühstückt, Karriere machen wir auch nicht mehr, und was alle anderen von uns halten ... scheiß doch der Hund drauf. In dieser mitwandernden Wolke der Selbstgewissheit schlappen wir fortan durch die Welt in der festen Überzeugung, wir würden noch genauso viel Durchblick besitzen wie damals, als wir voll im Saft standen. Damit auch ja kein Zweifel aufkommt, dass wir noch dieselben sind, umgeben wir uns mit den Attributen der gereiften Jugend: Weibliche Gesichtsrosinen färben sich den grauen Mopp auf der Rübe blond, spitzbäuchige Männer tragen wieder Matte zum Cardigan von Ralph Lauren. So bummeln wir durch die Innenstädte, schnappen grinsend den berufstätigen Müttern den Parkplatz vor der Kita weg oder schauen uns am frühen Nachmittag beim Cabrio-Händler den neuen Hyundai Silver Ager an: mit Sitz-, Nacken- und Lenkradheizung.

Ist der Tag durchgetrödelt, schalten wir wie seit hundert Jahren um zwanzig Uhr die Tagesschau ein und freuen uns, dass die Bundesregierung wieder mal ein paar Milliarden für die Rentner rausgehauen hat.

Doch noch sind wir erst sechzig, und das ist das neue Vierzig – schöner Mist!

ERKANNT WERDEN

Der Halb- bis Viertelpromi ist jemand, der nicht regelmäßig, sondern nur ab und zu im Fernsehen auftaucht. Das überfordert naturgemäß die Gesichtserkennungs-Software der meisten Mitmenschen. So rätseln sie vor sich hin, wo sie die Fresse schon mal gesehen haben. Ist es der Penner aus «Die Bachelorette», der singende Kleiderständer aus DSDS oder nur der Typ hinter der Fleischtheke im Hupa-Markt? Nicht selten sind es Ruheständler mit zu viel Tagesfreizeit, die den Disput in ihrem Inneren öffentlich austragen. Folgende Begebenheit trug sich vor nicht allzu langer Zeit in einem niedersächsischen Getränkemarkt zu.

Ich hatte meinen Vorrat an synapsenvernichtender Flüssigkeit etwas aufgefrischt und wartete nun darauf, dessen Gegenwert in Euroscheinen beim Getränkelurch zu entrichten.

Vor mir in der Schlange stand eines dieser Fabelwesen aus der Apotheken-Umschau, die vor angeberischer Rüstigkeit nur so triefen. Schon vorher am Pfandrückgabe-Automaten war mir das Exemplar dadurch aufgefallen, dass es die Plasteflaschen immer mit dem Verschluss nach vorne in den Pullenschlund einführte und dieser sie dann sofort wieder ausspuckte. Sodann griff unser Wesen erneut das Pfandgut und steckte es richtig herum ins Gerät. Dieser Vorgang aber wiederholte sich bei jeder Plastolidpulle aufs Neue. Jeder

Schimpanse – was sag ich –, jedes Opossum hätte spätestens nach der dritten Flasche begriffen, wie der Hase läuft, und den Behälter gleich mit dem Boden nach vorne hineingeschoben. Nicht so unser Evolutionsverweigerer. Und das lag daran, dass er pausenlos seine Hintersassen zuquatschte. Er gehörte zu dieser Sorte Gesprächsvergewaltiger, die völlig Unbekannte mit launigen Witzchen traktieren und dabei um Zustimmung buhlen.

Da gibt es die eine Sorte mit dem kaum verhohlenen Rassismus, die verkünden dann so abenteuerliche Prognosen wie die folgende:

«Was, nur 15 Cent für eine deutsche Pfandflasche, eine Riesensauerei ist das, aber Hartz IV für Flüchtlinge, dafür ist Geld da.»

Wenn der Schwachkopf dann in die völlig konsternierten Gesichter der Umstehenden blickt, folgt meist noch ein:

«Stimmt's, oder hab ich recht?»

Selbstverständlich sollte man dem Idioten sofort eins in die Fresse rammen. Es fürchtet nur jeder, seine Faust entsorgen zu müssen, nachdem sie Kontakt mit der verstrahlten Rübe gehabt hat.

Wie dem auch sei, unser Vertreter der bescheidenen Hirnfrequenz war von der anderen Sorte, die von «Witzigkeit kennt kein Pardon», und kreißte eine Laberphrase hinter der anderen. Nach der fünften verkehrt rum reingeschobenen Flasche sagte er geradezu vorhersehbar:

«Mühsam ernährt sich das Eichhörnchen.»

Und Jahre später beim Blick auf den Quittungszettel:

«Kriegt alles zu Hause mein Finanzamt.»

Niemand lachte über den äußerst schalen Witz, also folgte überflüssigerweise noch:

«Finanzamt ist meine Frau, hahahaha.»

Und als hätte dieser Einblick ins rentnerische Ehedasein nicht schon gereicht, wurde ein stereotyper Hinweis auf die altersgerechte GV-Frequenz nachgereicht:

«Die Frau will nich mehr so, wie ich wohl will, um neun Uhr hängt die Hose kalt am Bett.»

So genau wollte es keiner wissen, und jeder hatte den Vollpfosten sofort in seinen Hass geschlossen.

Jetzt also stand dieses präkambrische Wesen vor mir in der Kassenschlange: Schlabberjeans aus der Takko-Marktforschung bildeten den unteren Teil. Aus unerfindlichen Gründen fielen sie nicht vom kaum vorhandenen Hintern ab. Vielleicht hatte sich das Wesen einen Knüppel in den Arsch gerammt und den Buchsbeutel daran festgenagelt, oder ein Dauerständer vorne hielt die Takko-Buchse auf Zug. Und wo konnte man nur diese Latschen erwerben, die aussahen wie Vollkornbrote mit Kunstleder-Glasur? Hoffentlich würde das Beuteltier nicht auch noch mich in seine Kommunikation einbeziehen. So sinnierte ich vor mich hin ...

... als sich urplötzlich sein Reptilienschädel um hundertachtzig Grad drehte und mich anstarrte, dann kurz zuckte und sich wieder dem Einkauf zuwandte. Denn mittlerweile hatte ihn der Kassierer darauf hingewiesen, er sei nunmehr an der Reihe.

Als das komplette Saufgut auf den Zahltresen gewuchtet war, drehte sich der Raptorschädel erneut in meine Richtung, starrte mich an, und ein Kommunikat löste sich aus seinem Schlund:

«FÄRNSEEN – wir kennen uns ausm FÄRNSEEN.»

Sicher, es arbeiten viele Leute in den audiovisuellen Medien, und man kann sich nicht alle Gesichter merken, aber diese Visage wäre mir im Gedächtnis geblieben.

«Nein, tut mir leid», antwortete ich, «beim besten Willen kann ich mich nicht an Sie erinnern.»

«Nicht ich FÄRNSEEN, du bist FÄRNSEEN, das Gesicht kenn ich, Namen fällt mir nich ein. Bist du in ‹Tierärztin Dr. Bock› oder mehr nachmittags, du bist jedenfalls einer aus FÄRNSEEN, fällt mit aber nich ein der Name.»

Um ihn von seiner sicher ungewohnten Hirntätigkeit zu erlösen, nannte ich den erstbesten Namen, der mir gerade einfiel:

«Göring-Eckardt.»

«Öhhhhh», zweifelte das Riesenreptil. «Nä, dann hab ich Sie verwechselt.»

Da drängte auch schon der Nächste an die Kasse, und unser kleines medienkritisches Gespräch versandete.

Der Zufall wollte es, dass ich mit einem eher ungewohnten Gefährt den Getränkemarkt aufsuchte, einem Kabinenmotorrad des Schweizer Herstellers Peraves. Ähnliche Witzbolde wie Freund Arschbeutel animiert es zu den ewig gleichen Scherzen:

«Na, die Flügel zu Hause vergessen?» – «Guck mal, Mama, eine Rakete!» usw.

Ich nahm meine Kiste Bier, ging seelenruhig nach draußen, stellte die Kiste auf den Rücksitz, stieg gemächlich in das Fahrzeug, startete den Motor und fuhr los.

Noch auf der Fahrt fragte ich mich, was er wohl seiner Gattin zu Hause berichten würde: Vor dem Getränkemarkt habe er beobachtet, wie Katrin Göring-Eckardt in eine gelbe Rakete gestiegen und weggeflogen sei?

Die Frau hat natürlich sofort die weißen Männer angerufen und die längst überfällige Entsorgung ihres Gatten in der Klapse angeordnet.

So hatte dieser Besuch im Getränkemarkt doch noch ein Happy End.

GRÜNABFALL

In des Gartens finsterster Ecke dräute seit Monden ein Haufen ekeligen Gestrüpps, ja beleidigte das Auge des Flaneurs auf geradezu unanständige Weise. Brennnesseln hatten sich bereits an die Besiedelung gemacht, eine alleinerziehende Rattenmutter päppelte dort schon ihre Brut. Kurz: Es war ein Graus. Die Verwandlung des pflanzlichen Abfalls in wertvolle Komposterde wollte so gar nicht vorankommen. Statt lockeren Mulms bildete sich in den untersten Schichten des Haufens eine pappige, pestilenzartig stinkende Masse. Womöglich sei dies der unbedarften Beimengung größerer Portionen Rasenschnitts geschuldet, bemerkte die Gattin spitzzüngig. Man wisse ja eigentlich, dass jener nicht auf den Kompost gehöre, sondern in die Biotonne.

Nun ist meine Haltung zur Biotonne die der Ablehnung. Wozu, so frage ich jeden vernunftbegabten Mitbürger, hat man denn die ganze Natur um sich herum, wenn man dort nicht einmal den Rasenschnitt der Verwesung anheimstellen darf?

Zwei Tage hielt sich meine fundamentalistische Position zur Grünabfallbeseitigung, dann folgten Regen und praller Sonnenschein in dichter Reihenfolge, und der Haufen am Ende der Zivilisation begann zu stinken wie das Geschlechtsteil eines greisen Mammutbullen. Jeder Aufenthalt im Garten wurde schier unmöglich, sofort raubten einem die Gärgase den Atem. Eine Lösung musste her, und zwar eine kurzfristige. Auf die Liberalisierung des Fäulnismonopols konnten wir nicht warten, und solange die Bakterien ihren Dienst nach Vorschrift absolvierten, wollten wir nicht im Brodem des Komposts ersticken.

Ein schneller Blick in die Bürgerbroschüre der Samtgemeinde wies den Weg: Einmal die Woche öffnete die Grünabfallsammelstelle ihre Pforten für grünabfalloswerdinteressierte Bürger. Und damit nicht Krethi und Plethi aus fremden Samtgemeinden daherkommen und ihre erschossenen Gattinnen dort deponieren, hat man das Gelände eingezäunt und einen Rottweilerrüden zur Bewachung eingestellt. Der Zaun ist gute zwei Meter hoch, der Rottweiler hat nur zwei Beine, trägt dafür aber eine Mütze. Doch dazu gleich.

Schon drei Tage bevor die Moderbude ihre Tore für den gemeinen Steuerzahler öffnete, begann ich, den Misthaufen auf einen Pkw-Anhänger zu forkeln. Was uns Menschen als lebensfeindlich erscheint, ist es jedoch nicht für andere. Tausend Wespen schwirrten los, als ich den ersten Forkenstich in den Haufen tat. Nur neunhundertneunundneunzig davon zerstachen mich am ganzen Körper, was wiederum zeigt, dass nicht alle schlecht sind in einem Volk – nicht mal bei den Wespen.

Aufgedunsen wie ein gegrilltes Hängebauchschwein verbrachte ich den restlichen Nachmittag am Tropf des herbeigeeilten Toxikologen. Erst der übernächste Tag – wir erinnern uns –, ein Tag vor dem Öffnungszeitfenster der Deponie, erst dieser Dienstag sah mich wieder am Haufen stehen, diesmal im Ganzkörperkondom aus dem Baumarkt, mit Mundschutz und Pudelmütze. Doch die gestreiften Plagegeister waren emigriert, und was jetzt zutage trat, waren die üblichen Verdächtigen mulmiger Behausungen: Silberfischchen, Asseln, junge Ratten, Spinnen, fette Fliegenlarven und eine tote Katze, die weiß Gott wer hier deponiert hatte.

Mit randvollem Pkw-Hänger aus der Baumarktforschung ging's am anderen Tag frohgemut ins Grünabfallloswerde-Paradies. Die Schlange aus ca. dreißig wartenden Gespannen zeigte mir, dass ich hier richtig war. Nach einer guten Stunde hatte ich schließlich die Pforte erreicht und fuhr zügig bis zum riesigen Abfallhaufen vor.

Noch bevor ich mit dem Entladen beginnen konnte, trat der schon vorher erwähnte zweibeinige Rottweiler auf mich zu.

«Und?»

Und was? Ich verstand die Frage nicht. Was sollte das bedeuten? Oder hatte er «Hund» gesagt?

«Was soll das werden?»

Das müsste er eigentlich besser wissen als Kompostierfachgehilfe. Keine Ahnung! Was wird aus so was? Als Laie würde ich sagen: Komposterde. Doch das war gar nicht die Frage, sondern eher das Gegenteil.

«Was is das in dem Hänger da, is das Gartenabfälle, oder was soll das sein?»

Ich bejahte, und daraufhin stocherte Herr Rottweiler mit einem Stahlprügel in der Ladung herum.

«Is ja auch Rasenschnitt dabei, dabei, Rasenschnitt mit dabei.»

Respekt: dreimal das Wort «dabei» in einem Satz von insgesamt neun Wörtern untergebracht, macht eine «dabei»-Quote von genau dreißig Prozent, das dürfte Weltrekord

sein; gleich mal zu Hause im Guinness-Lexikon nach-
schauen. Doch jäh wurde ich aus meinen Überlegungen he-
rausgerissen.

«Rasenschnitt gibs nich, den gibs nich, den Rasenschnitt,
den gibs hier nich, den gibs hier nich.»

Chapeau! Viermal «gibs nich» in einem Zwölfersatz,
machte wieder dreißig Prozent, der Mann war ein Wunder
an Beständigkeit.

«Und?»

Da war es wieder, das geheimnisvolle Wort. Doch auch
jetzt wollte sich mir seine Bedeutung gänzlich frei von jedem Zusammenhang nicht erschließen.

«Andere wollen da, wollen da, wollen da au noch hin mit
Wagen.»

Endlich, um die Spannung aus unserem Verhältnis he-
rauszunehmen, fragte ich - mehr pro forma, denn ich war
sicher, es war umsonst -, was ich denn schuldig sei für die
Anlieferung der Gartenabfälle.

«Arrhhahhhahhaha Maak.»

Eine weibliche Decodierkraft am Frühstücksschuppen der
Deponie klärte mich auf, worum es sich bei dem Rottweiler-
gegrunze handelte: Achtunddreißig Mark, wollte er sagen,
wobei Mark in seiner Sprache Euro bedeutete. Ich legte
vierzig auf den Tisch und war um eine Erfahrung reicher.
Rasenschnitt ist kein Gartenabfall im Sinne der Gartenab-
fallverordnung, auch wenn Rasen wie keine andere Pflanze
den Garten dominiert, er gilt mithin als Sonderabfall. Kos-
tenlos ist nur die Anlieferung des ersten angefangenen Ku-
bikmeters Heckenschnitt. Der zweite wird mit fünf Euro be-

rechnet, wobei niemand weiß, bis wann es bei nachmaliger Anfahrt die zweite Lieferung ist oder schon wieder die neue erste – nach einer Stunde, einem Monat, einem Jahr, einer Zwischeneiszeit? –, keine Ahnung. Gartenabfall im Sinne des Gartenabfalls kostet schon beim ersten angefangenen Kubikmeter fünf Euro, aber nur bis zu einer Höchstmenge von einem Kubikmeter. Alles darüber erregt den Verdacht der gewerblichen Entsorgung. Wie aber kamen meine achtunddreißig Euro zustande? Bis fünfzig Euro hat der diensthabende Rottweiler einen Ermessensspielraum und darf die Gesamtmenge des angelieferten Schnittgutes schätzen, klärte mich die Kollegin des Rottweilers auf. Bei mir stand ein zwanzig Kubikmeter großer Ermessensspielraum auf dem Quittungszettel, da war ich mit achtunddreißig Euro ja sogar noch gut bedient. Erleichtert verließ ich den Bretterverschlag. Gerade wollte ich in mein Auto steigen, da bellte von fern eine vertraute Stimme.

«Hammich vertan, vertan, vertan, vertan ...»

Vertan-Quote achtzig Prozent, ein Hammer der Mann, der muss zu «Wetten, dass ..?»

«Vertan, mit die aaarhhhh Maak.»

Mist, hatte er das korrekte Ergebnis der Multiplikation zwanzig mal fünf Euro herausbekommen und wollte jetzt einen Hunderter abkassieren. Doch es kam noch schlimmer:

«Vertan, vertan, die nächsten dreißig Mal sind umsonst, umsonst, umsonst, sind umsonst ...»

Noch in der Sekunde habe ich den Quittungsbeleg in den Mund gesteckt und heruntergeschluckt – nur ja nicht in die Verlegenheit kommen.

MEIN NÄCHSTER HUND WIRD
EIN KANINCHEN

Manchmal wenn ich mich unter Leuten bewege, zweifle ich an mir selbst: Bin ich eigentlich ein Scheißemagnet oder eine Deponie für ungefragte Meinungen? Warum kommen wildfremde Menschen auf mich zu und entleeren ihr zugemülltes Hirn vor meinen Füßen? Warum schreiben sie keine Leserbriefe wie die anderen Irren oder rufen im Radio an, um ihre verstrahlte Meinung zu entsorgen? Als das Internet auch die Allerdoofsten der Doofen erreicht hatte und sie anfingen, sich in eigenen Gummizellen namens «Foren» zu organisieren, da atmete ich auf – für einen Moment. Endlich, dachte ich damals, die Beknackten haben eine Spielwiese gefunden und sprechen mich nicht mehr auf der Straße an, im Supermarkt oder ganz egal, wo ich gerade bin. Das Internet, ein Segen für die Menschheit, das größte Endlager für verstrahlte Gehirnmasse. Hier können Reichsbürger, Chemtrail-Fantasten und sonstige Apokalyptiker sich zusammenrotten und gegenseitig verblöden – und ich hab meine Ruhe.

Doch die Hoffnung trog, es gibt eine Sorte Vollidiot, die vom Netz nicht erfasst wird. Diese Kleinhirnfavoriten haben zu ALLEM eine Meinung und wissen über ALLES Bescheid. Sie lassen sich in keinen Spinnerkreis im Netz abschieben, sie brauchen die gute alte analoge Öffentlichkeit als Opfer. Also mich.

Wie erst neulich, als ich einen Weimaraner ausführte. Da trat wieder einer von denen auf mich zu. Um die Szene zu verstehen, muss man zweierlei wissen. Erstens, dass ein Dalmatiner ein weißer Hund mit schwarzen Punkten ist, und zweitens: Ein Weimaraner dagegen ist komplett grau.

Los geht's. Ich stehe mit dem Hund an einer Fußgängerampel, warte auf Grün und kann deshalb nicht entwischen. Sofort erkennt die Labertasche ihre Chance:

«Das is ein Hund, ne?»

«Nein, das ist ein magersüchtiges Nilpferd.»

«Was!»

«Natürlich ist das ein Hund, was für eine Frage!»

«Dacht ich mir, hab ich gleich zu mir gesagt, sieh mal einer guck: ein Hund, hahaha. Is der schon so alt oder warum ist der so grau?»

«Der ist erst drei Jahre alt, das is die Originalfarbe von der Rasse.»

«Hast du nich umgespritzt oder so, ne, den Köter lackiert, haste nich gemacht, hahaha. Sag mal, hat die Rasse an sich nich so Punkte überall?»

«Das sind Dalmatiner, die Sie meinen.»

«Aha. Und warum hat dieser hier keine Punkte?»

«Weil das ein Weimaraner ist.»

«Aha? Hatten die Dalmatiner in der Ostzone, hatten die da keine Punkte oder was? Die hatten ja nix drüben, hahaha. Haben sie sich gespart, die Punkte auf den Kötern, die Kommunisten.»

«Dieser Hund hier stammt nicht aus Weimar, sondern Weimaraner heißt die Rasse, weil sie ursprünglich dort gezüchtet wurde.»

«Und warum isser dann so grau, wenn er gar nicht ausser Ostzone kommt, da war doch alles grau, was man so hört. Ich kenn mich aus mit Hunden, deshalb weiß ich, dass diese Rasse an sich alles voll mit Punkte hat. Sind sogar verfilmt worden, diese Köter.»

«Ja, sicher, aber wie gesagt, dies ist ja kein Dalmatiner.»

«Würden die sich auch wohl für bedanken vom Dalmatiner-Verein, wenn du da mit dem grauen Kläffer angewackelt kämst – ich sag mal null Chance, dass du damit durchkämst. Könnteste noch froh sein, wenn die dich nicht beim Tierschutzverein anzeigen, wegen diese Unverschämtheit mit deinem Kommunisten-Köter.»

«Ich würde doch gar nicht erst versuchen, einen Weimaraner als Dalmatiner auszugeben.»

«Das will ich dir auch geraten haben. Die sind, soweit ich weiß, ziemlich streng bei diesen Rassehundeschauen, die zählen sogar die Punkte. Einer zu wenig, zack, eingeschläfert.»

«Also, ich hab noch nie gehört, dass auf Hundeausstellungen ein Tier eingeschläfert wird, weil es zu wenig Punkte hat.»

«Ich schon. Hundertprozentig.»

«Na ja, kann mir egal sein, ich war noch nie auf einer Dalmatiner-Hundeschau.»

«Trauste dich nich hin oder was!»

«Nein. ICH HABE KEINEN DALMATINER, das ist der Grund.»

«Und warum besorgst du dir dann keinen, gibt doch genug.»

«Ich will gar keinen. Ich habe ja, wie gesagt, hier den einen WEIMARANER.»

54

«Und wie lange macht ders noch? So grau, wie der schon is, geb ich ihm noch vier Monate, vielleicht fünf, dann ist aber Schicht im Schacht.»

«Ach was. Sind Sie auch noch Tierarzt mit seherischen Kräften?»

«Nä, ich meine bloß, wenn der alte Zeckenzüchter hier abgenippelt is, kannste dir dann ja einen richtigen mit Punkten kaufen.»

«Mir reicht's jetzt, ich wünsche noch einen schönen Tag.»

«Guck ma, da hinten is noch einer von deine Sorte, auch ohne Punkte und sogar in Braun. Sag ma, is hier sone Art Missgeburtentreffen heute oder was?»

«Das ist ein Ridgeback.»

«Du weißt auf alles 'ne Antwort, oder, du Schlaumeier. Mannomann, warum trifft man eigentlich nur Idioten, sobald man vore Tür geht.»

Endlich springt die Fußgängerampel zum dritten Mal auf Grün, und ich darf gehen. Eins hab ich mir in dem Moment geschworen: Nie wieder geh ich mit meinem Haustier nach draußen, dorthin, wo die Doofen wohnen. Mein nächster Hund wird ein Kaninchen.

RAUCHENDE MÄNNER AM
SONNTAGVORMITTAG

Sie stehen einfach da und rauchen. Sonntagmorgens. Männer auf winzigen Balkonen, die an pissegelben Fassaden kleben wie die Nester des Pteranodons. So stehen sie da, glotzen vor sich hin und rauchen. Sie tragen, noch von der Nacht, labbrige T-Shirts mit den Namen oder Covermotiven längst vergessener Popgrößen. Untenrum regiert die bollerige Jogginghose, und man weiß nicht, ist auch sie ein Relikt der Nacht oder gehört sie bereits dem Tages-Outfit an? Beides zusammen bildet in jedem Falle ein stimmiges Bild vollkommener Verwahrlosung. Die bloße Vorstellung, der Insasse dieses Prekarier-Kokons könne noch Minuten zuvor von einem Weibe herabgestiegen sein, lässt den Beobachter kurz und flockig in das Straßenbegleitgrün brechen. Doch wer weiß, ob nicht in der Wohnzelle hinter dem Balkon der dazugehörige weibliche Vorstadt-Primat müde gevögelt bereits wieder durch den noch jungen Vormittag rasselt. Der Mann vorn draußen überlegt kurz, ob er sich das Wasser drinnen im Bad abschlagen soll, dann schaut er auf die halb aufgerauchte Marlboro Light, denkt «Wär schade drum» und pinkelt in den Unkrautkasten, der wohl mal so eine Art Kräuterbeet werden sollte. Im Balkon darunter wischt sich ein anderes rauchendes Unterhemd ein paar verirrte Tropfen aus den Augenbrauen. Von der Straße aus sieht ein Mann mit Hund im selben Moment den Raucher in graubeiger Jogginghose auf dem winzigen Balkon stehen und sich am Sack rumfummeln. Schon rastet bei ihm die Sozialimitation ein, auch der Straßenmann wühlt jetzt in seinem Testikelvorrat und schmort sich dabei mit brennender Zigarette ein Loch in den Outdoorschlüpfer. Vor Wut tritt er nach seinem struppigen Hund an der Flexileine.

Vier oder fünf rauchende Männer sind es um diese Zeit am Sonntag, die zwischen den Wohntürmen ihre kleinen Hunde zum Lösen auf den Spielplatz führen. Aus den Flugsauriernestern an den Fassaden schauen ihnen die anderen rauchenden Männer zu. Vielleicht hätten sie sich viel zu erzählen, die Raucher da oben und die da unten, doch sie begegnen sich nie. So wissen sie nicht, wie es den anderen dabei geht, seit Jahrzehnten mit einem Riesenwombat in einer Dreiraumzelle zu leben, täglich die zuckrige Halbfertigmompe aus dem Discounter zu fressen und auch noch mitansehen zu müssen, wie die eigene Nachzucht noch blöder und fetter wird als man selbst. So werden die rauchenden Männer Sonntag für Sonntag immer älter und haben an nichts mehr Freude außer an den paar Minuten ganz für sich, wenn sie mit den ersten Sonnenstrahlen auf den noch nachtfeuchten Balkon hinaustreten und rauchen – ganz allein und in Gedanken. Die Männer da unten rauchen, während die Hunde ihr Geschäft erledigen, und auch sie genießen jeden Moment des Alleinseins. Begegnen sich zwei von ihnen, dann begrüßen sich nur deren Hunde, die Männer zerren an den Flexileinen und rauchen weiter.

Für Außenstehende mag es wie eine Allegorie auf das Beschissene des Lebens an sich erscheinen, all diese einsamen rauchenden Männer am Sonntagvormittag. Doch vielleicht sind sie in diesen Momenten glücklicher als den ganzen Rest der Woche über – was noch trauriger wäre.

YTONGSTEINE FÜR UMSONST

«Hallo, ich ruf an wegen die zehn Ytongsteine zu verschenken.»

«Tut mir leid, die sind schon lange weg.»

«Weil wir wollen in unsern Badezimmer die Ecke mit den Lokus hochmauern ...»

«Wir gesagt, die Steine sind längst weg.»

«Wegen den Gestank.»

«Kann ich mir lebhaft vorstellen, aber wie gesagt ... Außerdem ist die Anzeige schon seit drei Wochen gelöscht.»

«Opa ist untenrum nicht mehr so gut zu Fuß, und da dachten wir, zehn Ytongsteine hoch, und man riecht das alles nicht so.»

«DIE ANZEIGE IST SEIT DREI WOCHEN GELÖSCHT!»

«Ja macht ja nix, ich hab mir die ausgedruckt.»

«Wenn jemand die Anzeige löscht, heißt das, der Artikel steht nicht mehr zur Verfügung.»

«Könnten Sie die auch vorbeibringen, oder muss ich die extra abholen?»

«Wen jetzt?»

«Die umsonsten Ytongsteine. Weil ich hab das nich so gern, wenn mein Auto dreckig wird von innen.»

«Sagen Sie mal, sind Sie schwer von Kapee? Die Steine sind weg.»

«Weit können se ja nich sein, sind ja bloß Steine, höhö-höhö ...»

«Jemand hat sie bereits abgeholt.»

«Wieso?»

«Weil er die Anzeige bei Ebay auch gelesen hat und schneller war als Sie verblödeter Waldschrat.»

«Ich hab mir die doch ausgedruckt.»

«Dann ist sie aber nicht verschwunden ausm Netz und bleibt für Sie persönlich gültig, bloß weil Sie sie ausgedruckt haben.»

«Eben haben Sie aber gesagt, die wär gelöscht.»

«Ja, weil ICH sie gelöscht habe, aber nicht, weil Sie die Anzeige AUSGEDRUCKT haben.»

«Aha, aha, aha, jetzt verstehe ich das.»

«Das wurde aber auch mal Zeit. Darf ich jetzt auflegen!?»

«Noch eine Frage bloß.»

«Aber die letzte, ich hab hier nämlich zu tun.»

«Wann in etwa würden Sie mir die Steine denn vorbei-bringen? Kommt auf 'ne halbe Stunde nich an.»

DAS NEUE SAKRAMENT

Ratlos blickt der Pfarrer auf die leeren Kirchenbänke: Wo sind all die Schäfchen hin? – Ja, die sind alle im Möbelcenter, der Kathedrale unserer Zeit. Jeder wichtige Tag im Leben, jeder Wendepunkt und entscheidende Moment wird im Möbelcenter gefeiert, nicht im Gotteshaus. Zwar wird pro forma noch der Treueeid vor dem Altar abgelegt, doch geschieht der eigentliche Schwur auf die gemeinsame Zukunft beim Besuch im schwedischen Möbelhaus. Zusammen bei IKEA die Gänge durchstreifen, ein verstohlenes Probeliegen auf Björkvalla mit verstellbarem Kopfteil und zum krönenden Abschluss eine Schaufel Köttbullar mit Pommes im Schnellrestaurant – das ist das Eheversprechen unserer Tage.

Ist dann genug auf Björkvalla, Design Ehlén Johansson, rumgehoppelt worden, stellt sich schon bald ein kleiner Knut-Yannik ein, und auf geht's, wieder ins Möbelcenter. Der Erstgeborene kommt in ein Terrarium mit roten Plastikkugeln, und die Mami und der Papi kaufen unbehandelte Kistenmöbel für den kleinen Allergiker.

Schon bald ist die junge Familie im ewig gleichen Trott erstarrt, doch es fehlt das Geld für Spaßbad und Erlebniswelt. Da bietet sich als preisgünstige Wochenendgestaltung der Schautag im Möbelcenter an: Die Hüpfburg für die Blagen, für Papa spielen sieben Polen Dixieland, und das Pils kostet einen Euro. Mama unterdessen schielt schon nach der neuen Küche, Landhausstil, fünfeinhalbtausend Euro ohne Einbaugeräte – hach ja, die wäre schön. Zum Schluss, da gibt's für jeden noch 'ne Wurst, und zufrieden brummt die Family zurück ins Eigenheim.

Am andern Tag muss Papi wieder auf den Bock, Fernfahrer ist der gute Mann und hat demzufolge immer Hunger. Raststätte und Autohof, das schmeckt ihm schon lang nicht mehr. Doch der Papi ist ein gewitztes Bürschchen, und nach zweihundertsiebzig Kilometern Autobahn leuchtet von fern das verheißungsvolle Schild «Möbel Willi – dein Polsterdiscounter». Schon steuert er seinen Vierzigtonner bei Willi auf den Möbelhof. Hier, weiß er, gibt's ein Restaurant im Tiefgeschoss, da sind die Schnitzel so groß wie Klodeckel, und Kaffee wird ständig nachgeschenkt.

Unterdessen ist zu Haus im Eigenheim auch Mittagszeit, doch Mami ist das Kochen schon seit Jahren leid. Wozu sich auch selber an den Herd stellen, hat doch das Finnische Bettenlager nebenan ständig wechselnden Mittagstisch. Für drei Euro Gyrospfanne plus ein Getränk nach freier Wahl, das kriegt man selbst doch gar nicht hin zu dem Preis. Außerdem sind auch die ganzen anderen Mütter dort im Bistrogrill am Bettenlager und rauchen und werfen Geld in Spielautomaten, und der kleine Knut-Yannik tummelt sich in den roten Plastikkugeln. So spielt das ganze Leben rund ums Möbelcenter, und wenn dereinst der Gevatter Tod ante portas steht, dann gibt's bei Porta sicherlich auch ein attraktives Erdmöbel für den letzten Aufenthalt.

HANDEL UND HANDWERK

SCHON MAL VORAB

Von wegen: Wir wandeln uns zu einer Dienstleistungsgesellschaft.

Wie so oft, wenn etwas laut durch die Medien gebrüllt wird, ist genau das Gegenteil der Fall. Kam früher noch die Schleichkatze von den Stadtwerken ins Haus, um Strom und Wasser abzulesen, darf man heute selbst im Kohlenkeller rumfunzeln und den Verbrauch notieren, oder die Smartüberwachung rüsselt sich gleich die Daten aus dem Internet. Die Steuererklärung muss längst im Netz geschehen, und für jeden Antrag irgendwo hat man das passende PDF-Formular runterzuladen. Die Sparkassenzweigstellen sehen aus wie Daddelhallen, in denen die Kundschaft an diversen Automaten ihre Bankgeschäfte verrichtet. Unverschämterweise nennen sich diese Bereiche «Kunden-Service», obwohl niemand für die Kunden da ist.

Besonders dann, wenn Automatisierungswut auf demografischen Wandel trifft, spielen sich unter der Leuchtstoffröhre schnell kleine Tragödien ab. «Bitte berühren Sie den Bildschirm», textet es Oma Mikoteit entgegen, die ihre Friedhofsgebühren überweisen möchte. Zu Hause würde sie nie ihren Bildschirm berühren, allein der ungewünschten Marmeladenflecke auf dem Gesicht des Tagesschausprechers wegen. Hier ist plötzlich alles anders: Wenn man an diesen Fernseher grabbelt, ändert der sein Bild. Jahrzehntelange Erfahrungen der Hilflosen über die Unbeeinflussbarkeit des Fernsehprogramms zu Haus werden mit einem Schlag hinweggefegt. Dabei hat Oma noch Glück, dass sie nicht an einen Fahrkartenautomaten der Bahn geraten ist, da muss man sich nämlich auch noch durchlesen, was man alles nicht will. Die Post spart natürlich auch, wo sie kann, und möchte die Zustellung am liebsten ganz einstellen. Das funktioniert leider nicht wegen Briefmonopol und Kurierdienstkonkurrenz. Hat man allerdings das Pech, eine Sendung irgendwo abholen zu müssen, lernt man auf diese Weise die unattraktiveren Randgemeinden seiner Region kennen, ist mindestens eine Stunde unterwegs und findet sich dann in einem Picking Point wieder, kurz Daddelhalle ohne Personal und Kaffee für umsonst. Nach Eingabe einer Codenummer, biometrischer Daten oder alphanumerischer Password-Ungetüme öffnet sich wie von Geisterhand eine Klappe, und das Päckchen plumpst heraus.

Nachdem Bank, Post, Bahn und Finanzkrampen sich in ihren selbstverwalteten Kokon zurückgezogen haben und dort ohne Kontakt zur Außenwelt ihre Verdi-Kultur leben können, will auch die Polizei nicht hintanstehen. Geplant sind sogenannte Internetwachen, in denen man seinen Nachbarn online anschwärzen kann. In der Schar der fanatisch auf modern Geschminkten fehlt jetzt eigentlich nur noch die Kirche, die zum Beispiel über Automateneinäscherung, Taufschein als PDF-Formular und Gottes Segen als App fürs Smartphone nachdenken könnte.

Und nun viel Vergnügen!

ABENTEUER TÜRDRÜCKER

Ich betrete eines dieser seltsamen Geschäfte, die sich erstaunlicherweise noch in der Innenstadt gehalten haben: Gebrüder Brüning – Eisenwaren. Preisschilder aus Pappe mit durchgestrichenen Reichsmark-Preisen zeugen von der in Ehre gehaltenen Tradition des Geschäftes. Ansonsten ist aber alles modern im Schaufenster. Na, denk ich, wunderbar, ein gutes altes Fachgeschäft, da wird man noch beraten, muss nicht gleich Tausende Schrauben auf einmal nehmen, da wird jetzt eingekauft. Blingggg! Acht Lurche in blauen Jacken, die Hände auf dem Rücken verschränkt, glotzen mich feindlich an. Schließlich kriecht einer auf mich zu – Froschauge!

«Tag, was kann ich für Sie tun?»

«Ja, hähä, ich hätte mich gern mal nach Türklinken erkundigt.»

«Ham wir nich, tut mir leid. So, wer ist der Nächste?»

Ein draller Einkaufsrochen so um die fünfzig prescht in die Lücke.

«Ich hätte gern 45er Linsenkopf brüniert, hundert Stück.»

Ich lass mich nicht abdrängen.

«Moment. Ihr ganzes Schaufenster hängt doch voller Türklinken, da können Sie doch nicht einfach behaupten, die hätten Sie nicht.»

«Das sind Türdrücker!»

«Aha, und wo ist da der Unterschied, bitte schön?»

«Türdrücker werden hier verkauft, und Türklinken gibt es gar nicht.»

«In Gottes Namen, dann möchte ich eben einen Türdrücker.»

«Warum haben Sie das nicht gleich gesagt!»

«Ja, ich, ähem ...»

Die Frau mit den Schrauben gibt nicht auf.

«Und was ist mit meinem 45er Linsenkopf brüniert?»

«Sie sehen doch, dass ich diesen Herrn hier bediene, ja!»

Ich versuche, die Aufmerksamkeit wieder auf das Thema Türdrücker zu lenken.

«Äh, die da hinten gefallen mir ganz gut!»

«Haha, die sind von FSB, das glaub ich, dass Ihnen die gefallen.»

«Ja und?»

«Die werden Sie sich wohl kaum leisten können, junger Mann.»

«Woher wollen Sie das denn wissen ... Äh, was macht denn da von denen so eine Klin- äh, ein Drücker?»

«Fünfhundertachtzig!»

Während ich die Speiseröhren-Peristaltik durchchecke, brüllt die Schraubenfrau schon wieder.

«Hallo, Bedienung, was ist mit meinen 45er Linsenkopf brüniert?»

«Wenden Sie sich doch bitte an einen Kollegen, ja, Sie sehen doch, dass ich hier bediene, ja, also bitte.»

«Ja, ähem, dann vielleicht doch etwas Schlichteres, was können Sie mir denn da empfehlen? Ich hatte so an maximal dreißig pro Tür gedacht.»

«Da haben wir nur das Standardmodell, Aluguss poliert, Drücker einfach mit verzinktem Arretierstift 28,50.»

«Ja, wenn das das Einzige ist, dann hätt ich gern fünf.»

Froschauge wird knallrot und fängt an zu prusten.

«Fünf von was? DIN links oder DIN rechts?»

«Bitte?»

«Bänderanschlag links oder rechts?»

«Was?»

«Gehen die Türen linksrum oder rechtsrum auf?»

«Äh, Moment, kommt drauf an, von wo man guckt.»

«Oder sind das schließfolgegeregelte Flügeltüren?»

«Ganz normal.»

«Normal gibt's anner Tankstelle, müssen Se da hingehen.»

«Ich meine, also ich glaube ...»

«Glauben heißt nicht wissen. Welches Stulpgetriebe hat denn der nachrangige Flügel?»

«Ägypten?»

«Hallo, junger Mann, mein Bus wartet nicht, bekomme ich jetzt die 45er Linsenkopf brüniert oder nicht?»

«Schauen Sie sich doch schon mal welche an, solange ich hier noch den anderen Kunden bediene, ja?»

«Aber ich weiß doch schon genau ...»

«Aha! Mit Schlitz- oder Kreuzschlitz, Spax, Torx oder wie oder was?

«Das hat mir mein Mann nicht aufgeschrie-»

«Na bitte, dort hinten, drittes Regal, zweiter Gang! Nun zu Ihnen, war der Flügel drückervorgerichtet?»

«Was denn fürn Flügel?»

«Die Tür? DIN links oder DIN rechts.»

«Die Türen gehen alle rechtsrum auf.»

«Also DIN links.»

«Das erscheint mir aber unlogisch, wenn die ...»

«Das mit der Logik, das lassen Sie mal ruhig meine Sorge sein, junger Mann.»

«Na gut, also dann fünf Drücker DIN links.»

«72er oder 92er Lochabstand? PZ oder Buntbart? Langschild oder Lochblende?»

«Ja wie soll ich das denn wissen.»

«Ich wohne nicht bei Ihnen, das müssen Sie schon selber wissen, was Sie wollen.»

«Was heißt das denn alles? 72er, 92er, PZ-Blende?»

«Wissen Sie, was mich wahnsinnig macht. In diesem Beruf hat man es nur mit kompletten Vollidioten zu tun, die von nichts, aber auch rein gar nichts eine Ahnung haben.»

«Hallo, ich nehm die Kreuzschlitz-Linsenköpfe brüniert!»

«Schnauze!»

Mühsam bekam sich Froschauge wieder in den Griff, rubbelte an seiner lurchigen Gesichtshaut und schiss gönnerhaft sein Herrschaftswissen heraus.

«Jetzt hören Se mal zu, Freundchen. Für eine Außentür brauchen Sie den 92er Lochabstand gemessen von Mitte Drückerstift bis Drehpunkt Schließzylinder, für Innentüren gilt 72er Lochabstand.»

«Das eine ist 'ne Außentür, die andern vier sind Innentüren, also zehn Drücker auf jeden Fall.»

«Neun! Für Außentüren gibts nur Drücker plus Knauf mit Blindblende rückseitig verschraubt, 92er Abstand PZ.»

«Was heißt eigentlich dieses PZ andauernd?»

«Schließzylinder!»

«Aha!»

Kaum war ich endlich ein bisschen warm geworden mit dem Ladenlurch, tauchte die Schraubenfrau schon wieder auf und zerstörte die Anmut des Augenblicks.

«So, ich hab die 45er Linsenkopf brüniert gefunden bei Ihnen im Regal, kann ich die eben bezahlen hier, mein Bus fährt in ...»

«Lassen Sie sich von meinem Kollegen einen Auftrag schreiben und gehen Sie mit dem Auftrag zur Kasse, der Artikel wird Ihnen dann nach Vorzeigen des gestempelten Auftragsdurchschlags hinten in der Warenausgabe ausgehändigt.»

«Aber junger Mann!»

Zwecklos, Froschauge war schon fertig.

«Wenn Sie innen und außen gleichschließend haben wollen, müssen Sie statt Buntbart innen auch PZ nehmen, da gibts aber keine 72er Langschilder PZ.»

«Und was jetzt?»

«Nehmen Sie doch Lochblenden.»

«Geht das denn?»

«Gehen tut alles! 30/40er Zylinder oder was brauchen Sie?»

«Ich hab ... also ich weiß ...»

«Das is die Norm bei Innentürblättern.»

«Ja, dann wird das.»

«So, ich schreib dann mal den Auftrag!»

«Kann ich dann 'ne Tüte haben, ich bin mit dem Fahrrad.»

Es folgte der schon bekannte Schwellzustand der Lurchenrübe.

«Tüte? Haha. Der war gut. Ich muss die Drückergarnituren bestellen, Freundchen. Was glauben Sie denn, dass wir den ganzen Mist hier auf Lager haben?»

«Aber das ist doch der Standarddrücker, sagten Sie.»

«Den nimmt doch heutzutage keiner mehr, das billige Zeug kommt doch alles hinten aussen Dschungel. Also ich schreib mal auf ...»

«Ja, wenn Sie das noch alles wissen.»

«Is ja mein Beruf, haha. Also da hätten wir zehn Drücker DIN rechts innen Buntbart mit 92er Langschild, vier Drücker mit Knauf außen PZ DIN links Messing gesenkgeschmiedet, hartverchromt Modell Posthorn, drei Akkuschrauber und eine Aluleiter. So! Wenn Sie dann mal so freundlich wären, hier Ihren Namen und die Telefonnummer drunterzusetzen, wir rufen Sie an bei Lieferung, Anzahlung 85 Euronen. Wir bedanken uns für den Auftrag.»

«Aber ...»

«Wer war der Nächste?»

«Ach, würden Sie mir bitte den Auftrag schreiben für die 45er Linsenköpfe hier, ich muss dringend meinen Bus ...»

«Das sind 60er Senkköpfe kadmiert!»

«Dann geben Sie mir doch bitte die 45er Linsenköpfe brüniert.»

«Gute Frau, die gibt's schon seit dem Krieg nicht mehr, brünierte Linsenköpfe. Das hätte ich Ihnen gleich sagen können.»

Acht Wochen später, ich greife zum Telefon, der Teilnehmer meldet sich.

72

«Gebrüder Brüning Eisenwarenhandlung!»

«Guten Tag, Wischmeyer, ich wollte mich wohl mal nach meinen Türklink- äh, -drückern erkundigen.»

«Moment, ich verbinde!»

Zwei endlose Minute mit achtmaliger Wiederholung der Hookline von «Für Elise» vergehen, dann ertönt eine menschenähnliche Stimme.

«Tschewetzki!»

«Guten Tag, Wischmeyer, ich wollte mich wohl mal nach meinen Türdrückern erkundigen.»

«Wie war der Name?»

«Wischmeyer, Meyer mit e ypsilon.»

«Moment! Herr Wischeimer.»

«Wischmeyer!»

«Uns liegt da kein Lieferbescheid vor.»

«Aber das ist jetzt fünf Wochen her, seitdem ...»

«Moment.»

Erneutes sechsmaliges Elisen-Geklimper.

«Waren das Drücker einfach DIN links, PZ-Blende: dreißig Stück?»

«Das kann schon sein, aber es waren nur fünf, das weiß ich genau.»

«Brachowick und Söhne liefert die Happy-Bracho-Kollektion nur komplett im Dreißiger-Karton, alle DIN links, alle PZ.»

«Happy-Bracho? Ich wollte doch den normalen Standarddrücker.»

«Ist ausgelaufen, die Nachfolgeserie ist die Happy-Bracho, Alu gebürstet, Farbe: Manhattan.»

«Was für 'ne Farbe?»

«Manhattan, das liegt irgendwo zwischen RAL 7031 und 7035.»

«Aha!»

«Sollen wir Ihnen die Garnituren jetzt anliefern?»

«Na ja, sonst kann ich wahrscheinlich bis zu meinem Lebensende die Türen mit der Rohrzange aufmachen. Also gut! Die Happy-Bracho-Kollektion.»

«Vielen Dank, dass Sie mit Gebrüder Brüning zufrieden waren.»

Der Teilnehmer und ich legen gleichzeitig auf.

Weitere acht Wochen später, es läutet an der Haustür, ich öffne, und ein Mann im grauen Kittel mit der Aufschrift «Brüning's – die bringens» steht vor mir. Noch bevor ich ihn auf den Deppen-Apostroph ansprechen kann, drückt er mir ein Paket in die Hand.

«Guten Tag, Sie sind sicher Herr Wischeimer, bitte schön!»

«Wischmeyer!»

«Das ist Ihre Lieferung von Gebrüder Brüning, Eisenwaren!»

«Ah! Die Happy-Bracho-Kollektion.»

«So, das wär's. Wenn Sie hier bitte einmal quittieren möchten.»

«Gerne.»

«So! Hier bitte!»

«Äh, ist das alles, dies kleine Päckchen?»

«Ja, wieso? Fünfzig Stück Linsenkopfschrauben brüniert. Hatten Sie doch bestellt! Viel Spaß damit wünscht Ihnen Gebrüder Brüning Eisenwaren. Empfehlen Sie uns bitte weiter. Schönen Tag noch.»

DER TALENTIERTE SANITÄRFACHMANN

«Tach, Firma Bumke Sanitär-Erlebnis, äh, wegen den Pergulator, in Ihrem Bad.»

«Ja, der pladdert so, wie soll ich sagen, es spritzt irgendwie komisch nach allen Seiten im Badezimmer rum. Können Sie sich das mal angucken?»

«Wen haben wir denn da unten? Porcelanosa griechisch gelb – an sich 'ne Superfliese! Haben Sie sich bestimmt drüber gefreut. Günstig gekriegt? Geht bloß nicht mit Fußbodenheizung, reißen alle nach zwei Jahren. Pang-pang. Du denkst an nix Böses, gehst morgens für kleine Königstiger. Pang! Fliegt dir die Porcelanosa griechisch gelb um die Eier, hahaha. – Ach, und auch noch in Zement gelegt. Herzlichen Glühstrumpf.»

«Also, wir fanden die einfach nur hübsch, passten auch zu allem, was wir so an Badmöbeln haben. Aber um noch mal auf das Rumgespritze zurückzukommen ...»

«Höhähöhä. Ach sieh mal einer guck! Altdeutsche Heraklit-Platte, höhähähö, wer hat Ihnen die denn noch hier reingelegt? Hmh, die kommt hoch. Wird nassraummäßig gar nicht mehr verwendet, da nimmt man heute nur noch die DIN 17 Strich 30. Da hat Ihnen einer noch die alte Sauerkrautplatte hier reingeklebt, man glaubt es nicht. – War der Bezirksschornsteinfeger schon da? Hat der das etwa alles abgenommen?»

«Weiß ich jetzt nicht genau.»

«Nich! Aha, aha! Der legt Ihnen den ganzen Sums hier, haste nich gesehen, aber soffott still. Tiefspüler am 11er Stein, das lass sein! Das hält nich. - Und hier, das is doch nie im Leben ne F90-Deckenplatte, nach zwei Minuten ist die doch durchgeschmort und dann gute Nacht. Sind da oben drüber auch noch Zimmer?»

«Oma und Pucki!»

«Der reinste Murks hier, alles Schrott. Ach du dickes Ei – Spanplattendecke auf 25-Lattung mit Spaxschrauben einfach auf den Mist draufgeknallt.»

«Der Reformator, um noch mal ...»

«Pergulator, so viel Zeit muss sein, was ist mit dem?»

«Der spritzt hier alles voll, deshalb hab ich Sie ja angerufen.»

«Ja, dann muss der wohl neu, der Gute, nehm ich mal an.»

«Und könnten Sie das dann mal eben ...»

«Mal eben?! Wie ich das sehe, ist das 'ne Mischbatterie von Dornbracht, der Mercedes unter den Drehventilen, öffnet mit 'ner halben Drehung auf hundert Prozent Durchlass und bündelt den Strahl auf unter ein Prozent Strahlzylinderabweichung. Alles Keramik innen drin, da träumt der Führer von, Eins-a-Friedensware.»

«Und was ist jetzt mit dem Persilator?»

«Kann man nicht austauschen, da muss die ganze Batterie neu, das ist ein Bauteil.»

«Was käme denn da auf mich zu?»

«Raundebaut 280 für die BX 380 mit Kreuzknebelventil, drei Stunden à 80 macht aufgerundet 350, für den Stift nehmen wir nur 60, weil Sie es sind, 180 plus Anfahrt und Abfahrt 200 pauschal, paar Kleinteile 60 Euro, macht im Kopf jetzt mal überschlagen 1070 netto, 19 % Märchensteuer drauf sind 1273 Euro, die alte Mischbatterie entsorgen wir kostenfrei. Das kann ich Ihnen anbieten, gute Frau.»

«Das ist ja mehr, als mein Mann netto verdient im Monat.»

«Dann haben Sie wohl den falschen geheiratet, passt nicht zur Mischbatterie, höhahöha.»

«Und können Sie da was machen?»

«Na schön, ich könnte Ihnen eine an der Birne verpassen. Sie sagen, es wär Ihr Mann gewesen, dann sind Sie'n los.»

«Und was käme mich das?»

DIE BIMSI-BOX

«Mobile Solutions and More, Sie sprechen mit Gandalf Zalitta. Um unseren Kundenservice zu verbessern, wird jedes
dritte Gespräch aufgezeichnet, wenn Sie damit nicht einver-
standen sind, dann nennen Sie mir bitte die Hauptstadt von
Transnistrien.»

«Öh, von was?»

«Vielen Dank für Ihr Einverständnis. Was kann ich für
Sie tun?»

«Hallo, ich rufe an, um mich nach der bei Ihnen bestell-
ten Bimsi-Box zu erkundigen, ich hatte ja schon im Vorfeld
über Zahli-prompt die Rechnung beglichen, und das ist
jetzt drei Wochen her ... äh ... mindestens ...»

«Würden Sie mir bitte Ihre Kundennummer, den Bestellcode und die letzten achtundzwanzig Ziffern der Idenfication Number geben?»

«Der was?»

«Die Identication Number finden Sie auf der hinteren
Rückseite des Gerätes im unteren Drittel der Vorderansicht,
ganz klein neben der KBNO.»

«Aber ich hab das Gerät doch noch gar nicht bekommen.»

«Okay! Dann rufen Sie mich bitte wieder an, sobald das
Gerät bei Ihnen eingetroffen ist. Vielen Dank, dass Sie mit
Mobile Solutions and More zufrieden waren, mein Name
war Gandalf Zalitta.»

«Halt, halt, deshalb rufe ich doch an, weil das Gerät noch nicht bei mir eingetroffen ist.»

«Können Sie mir dann bitte Ihre Kundennummer, den Bestellcode und die letzten achtundzwanzig Ziffern der Idenfication Number geben?»

«Ich habe hier nur erst mal meine Kundennummer rausgesucht, die lautet DW 0873 6489 PQ 5467 2926 331.»

«Bitte ohne Leerstellen angeben!»

«Was? Na gut. DW08736489PQ54672926331.»

«Moment! ... Aha! ... Hier hab ich Sie: Frau Bernstorff!»

«Ich bin nicht Frau Bernstorff.»

«Doch, ich habe Sie hier in meinem System: Frau Gundula Bernstorff, wohnhaft Sperlingsruh 43 in 42640 Solingen. Ihre Bimsi-Box ist in der 26. KW durch unseren Logistik-Partner PLP abgeholt worden. Sie können Ihre Sendung verfolgen unter www PLP Punkt com Slash shipment minus tracking. Geben Sie dort bitte im unteren Identify-Feld die Identification Number ein, die finden Sie oberhalb der KBNO ...»

«Wie gesagt: Ich hab das Gerät noch nicht, deshalb rufe ich ja an.»

«Aber Sie sind Frau Gundula Bernstorff?»

«Nein, ich bin auch nicht Frau Cordula Bernhoff, oder wie die heißt.»

«Kein Problem, ich buchstabiere: Golf, Uniform, November, Delta, Uniform, Lima, Alpha, neues Wort, Bravo, Echo, Romeo, November, Sierra, Tango, Oscar, Romeo, Foxtrott, Foxtrott.»

«WAS?»

«Gundula Bernstorff, Ihr Name!»

«Ich bin das aber nicht.»

«Kein Problem. Sie können eine elektronische Vollmacht von Frau Bernstorff über unseren Verschlüsselungspartner zertifycon Punkt com an uns schicken. Dafür müssen Sie sich nur dort registrieren und einmalig die Verschlüsselungs-Software zertifyconXP 2374 herunterladen. Sie werden dann automatisch innerhalb der nächsten vierzehn Tage freigeschaltet. Das Ganze ist für Sie kostenfrei, und mein Name ist Gandalf Zalitta.»

«Und mein Name ist Gundula Bernstorff, und ich hab eine Bimsi-Box bei Ihnen bestellt.»

«Guten Tag, Frau Bernstorff, willkommen bei Mobile Solutions and More, mein Name ist Gandalf Zalitta.»

«Hallo, Gandalf, alte Socke, nenn mich Gundula!»

«Uns ist es nicht erlaubt ...»

«Schon klar, ich möchte auch nur eine kleine Bestelländerung durchgeben: Die Lieferadresse ist jetzt Gundula Bernstorff c/o Dietmar Wischmeyer, Am Klärwerk 3 in 30163 Hannover. Ich storniere den Betrag bei Zahli-prompt und möchte, dass alle Rechnungen an meine Heimatadresse gehen: Frau Gundula Bernstorff, Sperlingsruh 43 in 42640 Solingen.»

«Alles notiert, Frau Bernstorff, einen schönen Tag noch, vielen Dank, dass Sie mit Mobile Solutions and More zufrieden waren, mein Name ist Gandalf Zalitta.»

«Meiner auch! Auf Wiederhören!»

So viel zur Theorie des affirmativen Handelns in der Welt des globalisierten Irrsinns. Bei mir ist die vermaledeite Bimsi-Box für immerhin 89 Euro 50 auch nach weiteren vier Wochen nicht eingetroffen. Bei Frau Gundula Bernstorff, mit der ich mittlerweile häufig telefoniere, auch nicht. Dafür hat, wie sie mir erzählte, bei einem ihrer Nachbarn ein Außendienstmitarbeiter von Mobile Solutions and More vorbeigeschaut und für 89 Euro 50 plus Montage, Anreise und Mehrwertsteuer einen undefinierbaren Kasten im Keller montiert – wir beide vermuten, es müsse sich um die legendäre Bimsi-Box handeln.

Mir wiederum hat ein befreundeter Fernmeldetechniker erklärt, dass es sich bei der Bimsi-Box um ein reines Primitiv-Produkt handele. Innen drin in der Box wird lediglich die Belegung der Steckverbindung getauscht. Ungrade rein, gerade raus oder so ähnlich. Materialwert 50 Cent, Nutzwert null, man kann genauso gut gleich einen richtig verpolten Stecker montieren.

Und warum mache man das nicht? Weil ein junges deutsches Start-up-Unternehmen in Hildesheim auf die geniale Idee kam, die Pole zu vertauschen und einen simplen Adapter als Pseudogerät für 89 Euro 50 zu verkaufen, davon gehen 20 Euro an die Hersteller der Endgeräte, die werksseitig die Pole wechseln, 69 Euro 50 brutto bleiben bei den Brüdern Sascha und Boris Zuckerrüb hängen, die auf die geniale Idee kamen – übrigens während eines Saufgelages nach ihrem Bachelor in Medien-Inklusionspädagogik an der Uni Mittweida. Ein Abschluss, der nicht unbedingt die Pforten interessanter Arbeitgeber öffnet, deshalb kam die Frage auf, «was man den bescheuerten Bimsköppen da draußen wohl noch für einen nutzlosen Scheiß andrehen» könne. Dies war die Geburtsstunde der Bimsi-Box und des Unternehmens Mobile Solutions and More, bei dem übrigens ein anderer großer Hildesheimer für die Anschubfinanzierung sorgte.

Heute ist das Unternehmen 30 Millionen wert, die Brüder Zuckerrüb gehen damit demnächst an die Börse, und Olaf Scholz hat ihnen zum Innovationspreis der deutschen Industrie gratuliert. In ihrer Laudatio hieß es «der IT-Standort Deutschland hat sich auf internationalem Parkett behauptet».

Ich bin durch Frau Bernstorff – mit der ich, wie gesagt, in letzter Zeit häufiger telefoniere – auf ein Forum der Bimsi-Box-Geschädigten im Netz gestoßen. Amerikanische Anwälte wollen die Brüder Zuckerrüb auf eine dreistellige Millionensumme Schadensersatz verklagen. Im Forum heißt es, dass die Bimsi-Blase wahrscheinlich demnächst platzen und große Teile der deutschen IT-Wirtschaft mit sich in den Abgrund reißen wird.

Ich hab mit den «Bimsköppen» – wie sich die Forums-Mitglieder nennen – schon ein paar sehr schöne Ausflüge unternommen, mit dem Fahrrad nach Bad Oeynhausen, zum Beispiel.

Der befreundete Fernmeldetechniker hat bei mir den Stecker am Telefon umgelötet, und alles ist prima. Manchmal denke ich abends bei einem Glas Wein noch an Gandalf Zalitta, eigentlich ein prima Kumpeltyp, auf seine Art, habe aber nie wieder was von ihm gehört.

Bis zu jenem unseligen Abend im Mai.

Wer kann das denn noch sein, um diese Zeit. Hoffentlich ist nix passiert.

«Hier Dietmar Wischmeyer bei der Arbeit.»

«Guten Abend, Frau Bernstorff.»

Ach du Scheiße, Zalitta ...

«Hier ist Mobile Solutions and More, Ihre Service-Hotline, mein Name ist Gandalf Zalitta, was kann ich für Sie tun.»

«Wie? Was? Ich habe Sie überhaupt nicht angerufen.»

«Natürlich nicht, denn wir sind eine Reverse-Hotline, nicht Sie rufen uns an, wenn Sie Probleme haben, sondern wir Sie ...»

«... damit ich welche bekomme?»

«Ein gelungener Scherz, Herr Bernstorff.»

«FRAU Bernstorff, darauf muss ich doch bestehen.»

«Wir von Mobile Solutions and More haben uns diesen ganz besonderen Service für unsere Prepaid-Kunden ausgedacht, um Probleme schon im Vorfeld gar nicht erst entstehen zu lassen. Wir von Mobile Solutions and More wollen immer besser werden, deshalb fragen wir: Wie ist der Satisfaction-Index bei Ihrer Bimsi-Box auf einer Skala von 1 bis 10? Wobei 10 die höchste Zufriedenheit bedeutet.»

«Minus fünf!»

«Bitte antworten Sie innerhalb der Skala, mein Name ist Gandalf Zalitta.»

«Na gut: zehn.»

«Vielen Dank. Möchten Sie zusätzlich zu Ihrer Box noch einen Muffin oder einen Croissant?»

«Nein danke!»

«Darf ich Sie dann über die neuen Produkte aus dem Hause Bimsi-Technologies kurz informieren?»

«Nein.»

«Gut, dann hole ich etwas weiter aus. Mein Name ist Gandalf Zalitta. Die Herbst-Kollektion von Bimsi-Technologies offeriert Ihnen die beliebte Bimsi-Box in fünf neuen Trendfarben: Dazzling Ocean Blue, Violet Tulip, Dead Chicken Cunt Brown, Foot-Mushroom Yellow und Deep Grizzly Asshole Black»

«Danke, nein, ich bin nicht an bunten Bimsi-Kästen interessiert.»

«Kennen Sie denn schon Bimsi-Kid, die Bimsi-Box für unsere Kleinen? Hallo, Bimsi, sag mal Guten Tag.»

«Hallo, Onkel Bernstorff, wie geht es dir, ich bin der kleine Bimsi und koste nur 35 Euro monatlich, huhu, Onkel Bernstorff.»

«Mir reicht's jetzt, ich hab die Schnauze voll.»

«Möchtest du dazu vielleicht noch einen Muffin oder einen Croissant?»

DIE WASCHMASCHINE

Es begab sich aber zu der Zeit, als unsere Waschmaschine ihr bauknechtisches Leben aushauchte und es uns augenblicks an maschineller Waschkraft gebrach. Ogottogott, sprach meine Gattin, was nun, wie um alles in der Welt soll fürderhin unsere Wäsche nicht nur weiß, sondern rein werden und duften wie der prägüllerne Frühling? Sprachs und weinte gar bitterlich in ihren leicht geblümten Kittel. Auch ich war der Sorgen voll und des Bieres gleichermaßen, das mein Körper gierig aufgesaugt nach dem feigen Abgang des kubischen Personals.

Und da plötzlich reifte ein Gedanke in mir:

«Eine Miele muss her. Nur Miele, Miele, sprach die Tante, die alle Waschmaschinen kannte», wusste man schon in der Weimarer Republik.

Kaum geboren, war aus dem Gedanken ein strammer Jüngling geworden und saß mit mir vorn am Volant einer Neckarsulmer Droschke der Landeshauptstadt entgegenstrebend. Dort, so wusste das weise Zwischennetz zu berichten, residierte ein ausgewiesener Korrespondent des Gütersloher Unternehmens, dessen Produkten unser Interesse galt. Und siehe, es war wohlrecherchiert: Tatsächlich kündete die leuchtstoffröhrengestützte Reklame an einer Hausfassade von der Residenz des besagten Waschmaschinisten. Kaum eingetreten, nahm uns die gediegene Atmosphäre in der Niederlassung sofort gefangen. Hier wurde keine schnöde weiße Ware in den Markt gedrückt, sondern ausgesuchten Gastfamilien ein stählernes Au-pair anvertraut. Dankbar für das entgegengebrachte Vertrauen, zückten wir nur zu bereitwillig die Geldkatze und schütteten einen Berg Brüsseler Dublonen auf den Tresen des Kaufmannes.

Wieder zu Hause angekommen, barst unser Brägen schier vor Ungeduld dem Eintreffen des neuen Familienmitgliedes entgegen. Endlos erscheinende zwei Tage sollte es dauern, bis eine Stückgut-Kalesche aus dem Brandenburgischen auf unsere Hofeinfahrt einbog. Merkwürdig, dachte ich, was will denn der Osteuropäer hier, und dann auch noch mit einem Zivilfahrzeug. Meine Zweifel über Sinn und Frommen des unerwarteten Besuchs zerstoben alsbald wie die Rentenanwartschaften in Laatzen. Ohne den Umweg lässlicher Begrüßungsformeln trompetete der Fahrer sein Begehr in die kalte Novemberluft.

«Is det hier Wöllpuffhausen Doofenstraße fuffzehn?»

Knapp daneben ist auch vorbei, besonders beim Buchstabenraten. Ich wollte jedoch nicht rechthaberisch wirken gegenüber der leidgeprüften Leichtlohnkraft und bestätigte, mich in mein Schicksal fügend.

«Doofenstraße fünfzehn, stimmt.»

«Und Ihnen, is Ihnen, Moment, Dieter Wichser, nä, watten Se, Wischeimer.»

Das ging dann doch zu weit, und ich korrigierte behutsam den Dechiffriervorschlag der bildungsfernen Schicht.

«Wichseimer ist richtig, aber Dietmar, nicht Dieter.»

«Alles eene Wichse, harhar», parierte der Schimpanse meine Steilvorlage. Endlich kam er mit seinem Anliegen raus:

86

«Wir ham hier eine Waschmaschine für Wichseimer, Doofenstraße fuffzehn in Wöllpuffhausen, is ditte hier richtig, oda wie seh ick dat?»

«Goldrichtig», hörte ich mich sprechen, während meine Gedanke einen ganz anderen Satz formten: Wieso kommt der alte Miele nicht persönlich, wieso schickt er diese ungehobelten Beutegermanen? Meine Neugier wurde jedoch nicht lange auf die Folter gespannt. Der Homo brandenburgiensis setzte zu einer neuen Geräuschemission an.

«Wir machen die janze Auslieferung für den Raum Bielefeld bis rin inne Uckamark. Allet, wat wegmuss, is hier bee Mirko in den Lasta, wa. Nu ma Butter beie Muschi, wo solln det jute Stück hinjekippt wern?»

«Erster Stock», konnte ich gerade noch hervorkrächzen, worauf ein Wortgewitter über mich hereinbrach.

«Scheiße, scheiße, dreimal scheiße, det hat jrade noch jefehlt, un ich ha heute morjen schon zu meene Frau jesagt. Wetten, ha ich zu ihr jesagt, wetten Jacqueline, det eener von die Besserwessis will, det icke die Waschmaschine in den ersten Stock hochschleppe. Acht Stunden isset jut jejangen. Bloß in Parterre operiert, jing allet prima mit Sackkarre pipapo - un nu ditte. Scheiße, vafluchte stinkende Scheiße, det hat ma jrade noch gefehlt. Det letzte Objekt isset vonne janze Tour. So dämlich, wohnen tuta unten, aba Waschmaschine oben, wie dämlich is ditte denn, det is ja typisch für son Wessi. Find sich ja imma eener, der ihn den fetten Arsch nachträgt, ja, unsaeena wohnt im fünften, aba Waschmaschine is schön in Kella, ja schleppt die Jacqueline jeden Freitag de janze Wäsche runter und wieda ruff. Da is sich die lackierte Wessibraut aba zu fein für, ne, da muss die Maschine zur Wäsche kommen, so een Arschloch, det ha ick übahaupt noch nich gesehn, anzeijen sollte man det Nazischwein.»

Und so kam es, dass – im Zuge der Annäherung der Arbeitsverhältnisse zwischen Ost und West – meine Gattin nebst ihrem Ehemann das «stählerne Au-pair» eigenhändig in den Ersten buckelten. Denn nie ist der Mensch zufriedener als über das, was er selbst getan.

EIN LOCH NAMENS HOLGER

Es war im letzten Sommer, so gegen Juni, glaub ich, da bildete sich so ein kleiner Fleck an der Decke, sagen wir mal, so groß wie ein Euro oder höchsten ein Euro achtzig. Da achtet man ja nicht groß drauf. Warum sollte da auch kein Fleck sein, das Haus ist alt, da kann immer mal was passieren ... Sagen wir so, man akzeptiert den Fleck wie einen treuen Hausgenossen, der den Alltag mit einem teilt und auch irgendwie ein Trost ist in dieser beschissenen Welt.

«Guten Morgen», sagt man dann beim Frühstück zum Fleck, «du bist ja auch noch da, wie schön.» Er wird zu einem Stück Heimat, zu einem Freund. Nach ein paar Monaten nennst du ihn sogar Holger.

Doch dann kommt der Tag X, an dem sich dein ganzes Leben ändern wird. Du hast Freunde zum Essen eingeladen, Jessica und Hartmut. Jessica arbeitet als Verkäuferin bei Nanu-Nana und erzählt pausenlos von ihrer Chefin und Pizza, deren Labradoodle-Hündin. Das ist eine Rasse für Hunde-Allergiker, also sozusagen ein Hund für Leute, die Hunde nicht mögen, und deshalb wahrscheinlich macht Pizza auch dauernd bei Nanu-Nana in den Personalraum, jedenfalls hat Hartmut die ganze Story schon zum tausendsten Mal gehört und schaltet sein Gehirn auf Durchzug. Dabei guckt er die ganze Zeit in der Wohnung herum wie ein brütendes Perlhuhn. Plötzlich unterbricht er Jessica, was er normalerweise nie tut, weil dann zwei Wochen nix mehr geht zwischen den beiden. Er unterbricht sie, es muss also um was Schweinewichtiges gehen, sagen wir mal, Hannibal Lecter guckt von außen durchs Fenster oder der FDP-Wahlkreiskandidat. Und dann bricht es aus ihm hervor: «Was ist denn das da für ein Fleck da oben?» Dazu muss man wissen, dass Hartmut eine Firma für Altbausanierung besitzt und schon deshalb flecktechnisch wie ein Habicht unterwegs ist.

«Ach so», sag ich, «das ist Holger, der ist da schon lange.»

Hätte Hartmut die Telefonnummer des Landeskrankenhauses in seinem Handy gespeichert gehabt, ich hätte in dem Augenblick für nix garantiert.

Hat er offenbar nicht, und so sagt er nur weiter: «Sieht aus wie Rigips-Lepra, ist doch Gipskarton da oben, oder? Kann auch Befall mit der Serbischen Rüsselmotte sein, die frisst sich immer mehr nach Norden vor ... Oder die Dämmung ist undicht.»

«Welche Dämmung?», kann ich gerade noch antworten.

«Wie, ihr habt nichts gedämmt?»

«Du, das Haus ist über hundert Jahre alt ...»

«Ihr seid ja richtige Ökoschweine.» Hartmut wird krebsrot: «Auf jeden Fall muss das alles weggerissen werden, ihr könnt froh sein, dass ich das gerade noch rechtzeitig mitgekriegt habe.»

«Pizza, also der Labradoodle von meiner Chefin, der ist vielleicht mal doof ...», versucht Jessica, das Gespräch in ungefährliche Bahnen zu lenken.

«Halt mal für eine paar Minuten den Rand, Schatz, ja», unterbricht Hartmut seine Frau. Das wird ihm mindestens ein halbes Jahr Sex-Entzug einbringen.

«Öhm, wie meinst du das jetzt, Hartmut, mit ‹alles wegreißen›», kann ich gerade noch sagen, da steht Hartmut schon auf dem Esszimmertisch und prokelt mit der Nudelgabel in Holger rum. Ein gelblicher Regen aus Holger-Resten schneit auf die Spaghetti bolognese herab. Es sieht aus wie geriebener Parmesan. Hartmuts Unterarm ist mittlerweile komplett in dem Loch verschwunden, das vorher Holger war.

«Da ist ja noch Stroh zwischen den Balken. Sag mal, weiß das euer Gebäudeversicherer?»

Hartmut ist jetzt voll in seinem Element und reißt mit beiden Händen vermodertes Stroh aus dem Loch. Nachdem das Loch so groß ist wie ein Gullideckel und das Esszimmer aussieht wie Pompeji nach dem Ascheregen des Vesuvs, kommt endlich das erlösende Wort:

«Na ja, kann man heute nicht viel dran machen, ich schick morgen ein paar von meinen Jungs vorbei, die machen euch das picobello. Brauchst du 'ne Rechnung? Na bitte! Das kostet euch dann bloß 'n Nasenwasser, und danach habt ihr Ruhe!»

Am anderen Morgen um halb sieben klingelt es an der Tür. Ah, die Jungs!, denke ich noch schlaftrunken und mach die Haustür auf. Doch falsch geraten, es ist ein VW Crafter mit acht Dixi-Klos obenauf.

«Ist das hier bei Dietmeier?»

«Wischmeyer!»

«Auch egal! Ich soll hier ein Dixi abladen für die Baustelle, hier unten bitte einmal unterschreiben.»

Was zum Teufel soll ich mit einem Plastreklo, unser Badezimmer funktioniert doch tadellos?

Viertel nach sieben schellt es erneut. Aha, die Jungs, denke ich abermals. Wiederum reingefallen: Es ist ein Lkw mit riesigen braunen Platten.

«Wenn die für Dietmeier sind, der wohnt hier nicht», brüll ich aus dem Fenster.

«Sondern?», brüllt es zurück.

«Wischmeyer.»

«Schön, für den hab ich hier hundertzwanzig Quadrat Thermoflor 2000, einmal bitte hier unten links.»

Da, wo einst die Dahlien blühten, vernichten innerhalb weniger Minuten hundertzwanzig Quadratmeter farbiges Thermoflor 2000 jegliche Vegetation.

Verzweifelt versuche ich, Hartmut zu erreichen.

«Sag mal, Hartmut ...», doch weiter komme ich nicht, da legt er schon los:

«Sind die Jungs bei dir? Was! Die sollten seit sieben Uhr hier bei mir auf der Baustelle sein. Verdammter Mist.»

Bei den «Jungs» scheint es sich um eine transzendente Bruderschaft zu handeln, die auf zwei Baustellen gleichzeitig anwesend sein kann. Oder, noch mysteriöser: gleichzeitig auf keiner!

Der Vormittag bescherte mir noch einen Radlader, der den Restgarten wegschob für die Baustellenzufahrt und dabei den Thermoflor 2000 ruinierte. Später brachte mir ein Kipper noch zwanzig Kubik Mineral, die, wie es hieß, «die Jungs» später noch mit der Rüttelplatte verdichten sollten für die Auffahrt. Andere Kleinigkeiten wie achtzig Meter Konterlattung, einen Betonmischer und Eisenmatten lass ich jetzt mal weg. Gegen Mittag sah der ehemalige Garten jedenfalls schon aus wie eine perfekte Baustelleninstallation.

Das Einzige, was noch fehlte, waren die ominösen Helden dieser Performance, auch bekannt unter dem Pseudonym «die Jungs». Allmählich zweifelte ich allerdings an deren Existenz.

Auch der nächste Morgen blieb jungsfrei, dafür meldete sich ein Versicherungsvertreter, der mir eine Bauherrenhaftpflicht dringend anraten wollte, und ein Beamter vom Ordnungsamt, der die fehlende Absicherung der Baustelle durch einen Zaun mit einem Bußgeld von hundertzwanzig Piepen abstrafte.

Zwei Wochen gingen ins Land. Wie ich hörte, hatten sich Hartmut und Jessica getrennt. Hartmut versucht die Hälfte seiner Firma vor den Scheidungsanwälten zu retten, und meldet sich nicht mehr. Jessica hat sich auch einen Labradoodle gekauft.

Bei mir hat der Urwald die Baustelle allmählich zurückerobert. Zwischen den Konterlatten sprießt der Wegerich, auf dem Thermoflor 2000 wachsen äußerst schmackhafte Pilze, deren Namen ich nicht kenne, und das Dixi-Klo wird von den Fahrgästen der Bushaltestelle gegenüber dankbar angenommen.

Das Loch in der Decke hat mich zu Anfang nicht gestört, erst als die Nächte kälter wurden, habe ich eine Rigips-Platte daruntergenagelt. Und eines Morgens, ich war bei der zweiten Tasse Kaffee, blickte ich nach oben, und da war er wieder: Holger, mein Freund, der Fleck. Eine Träne der Rührung tropfte in den Kaffee, und ein alter Schlager aus dem Jahre 1966 von Franz Beckenbauer kam mir wieder in den Sinn: «Gute Freunde kann niemand trennen.»

Manchmal denke ich noch an «die Jungs», und wenn ich durch die Straßen schlendere, dreh ich mich plötzlich um und schaue wildfremden Männern nach: Ja, das hätten sie sein können, «die Jungs», sagenumwobene Handwerker, die alles «picobello machen», «nur ein Nasenwasser kosten» und nach denen man «dann Ruhe hat».

EINE NEUE UHR

Nur um zu wissen, wie spät es ist, dafür braucht niemand heute mehr einen Zeitmesser. Oft ist es ohnehin für alles viel zu spät, und sogar jeder Backofen hat eine digitale Zeitanzeige. Wer keine Lust hat, einen Backofen mit sich rumzuschleppen, dem bleibt das Smartphone, welches ihn ebenfalls zuverlässig den Stand der Sonne übersetzt. Selbiges kommt sogar als Armbandversion daher, simuliert einen Chronometer und liefert neben der Zeitansage Informationen bis hin zum Eisprung sogar des Mannes – wozu also eine Uhr? Das alte Zeiteisen ist zum luxuriösen Armschmuck gentrifiziert worden und elektrisiert damit sogar die Digital Nerds.

Ich begebe mich mit dem Ziel, dieses Mysterium zu ergründen, in ein Ladengeschäft für exklusive Zeitmessgeräte. «Pied de Cochon et fils» prangt in kursiven Lettern über dem Schaufenster. Da hat sich ein Vorfahr den Schweinefuß schön geflunkert. Und der Filius ist auch schon mit im Geschäft, das zeugt von Tradition und schenkt Vertrauen. Allein die Unterzeile «since MMXX» will so gar nicht dazu passen – in arabischen Ziffern also schlicht 2020 –, das ist nicht gerade die längste Zeit, um eine alte Familientradition zu begründen. Immerhin hat der junge Unternehmer drei europäische Sprachen in seinem Firmennamen untergebracht, das zeigt kulturelles Bewusstsein, und nur darum geht es ja, wenn seine Kunden den mühseligen Anschluss an die abendländische Kultur über Bücher scheuen und sich Tradition lieber als Luxusklumpen an das Gliedmaß hängen.

Mit dezentem «Pling» öffnet sich die metallene Pforte. Ich trete ein, sofort schiebt sich weiter hinten im Ladenlokal ein Vorhang zur Seite, und ein darin offensichtlich eingenähter Kopf haucht eine Sentenz:

«Ah bongschuhr, Mattmuasäll Dschisäll ist in einer Ssegond bei Ihnen.»

Man parliert hier Frankophon, wie gediegen. Und doch zugleich bedrohlich, was das Preisgefüge der Artefakte in den Vitrinen anbelangt. Keine zehn Minuten später hat sich Mattmuasäll Dschisäll von was auch immer losgeeist und steht vor mir. Alles, einfach alles an ihr ist angepinselt oder großflächig nachgespachtelt. Eine «Ssegond» war leicht untertrieben, aber wir wissen ja, wie's ist im Franzosenland.

«Womit kann ich Ihnen behilflich sein, Missjö?»

Zum Glück geht's in der hiesigen Amtssprache weiter, mein Französisch ist doch etwas eingerostet seit Dien Bien Phu.

«Ich würde mir gerne ein paar Chronometer anschauen.»

Das Wort «Uhr» schien mir zu profan, fast eine Beleidigung in diesem Etablissement. Aus verdeckten Lautsprechern perlt rundgelutschte Klassik von André Rieu oder einem anderen Altfrauenbetörer, und optisch erinnert die ganze Einrichtung an einen französischen Puff aus dem Fin de Siècle. Noch ehe die Fantasie über welsche Freudenhäuser mit mir durchgeht, erlöst mich die Fachkraft aus meinem Tagtraum:

«An was hatten Sie denn gedacht, eine Drässwotsch oder eher eine sportiewe Däilie.»

Hoppala, auf diese Frage war ich nicht gefasst. In meiner Not versuche ich, den Beschützerinstinkt der Mattmuasäll zu wecken, und stelle mich blöd.

«Was mit Zeigern und nicht bloß Ziffern.»

Das grenzt an Fachwissen, und schon werde ich als kundiger Gast akzeptiert, dem man auf gleicher Ebene begegnen kann.

«Ah oui, wir haben die brandneue Deiwa-Kolläktschen von Gräntssaikoh gerade reinbekommen. Ganz bezaubernd finde ich persönlich die Tränt é Kattre mit dem Tiffany-Deil, ist auf fünfzigtausend limitiert.»

Und schon bin ich wieder raus, keines diese Worte sagt mir irgendwas, doch zum Glück zieht Mattmuasäll Dschisäll einen Schubladen hervor, in dem ein Dutzend hässlicher Ludenticktacks – schwer wie Mühlsteine – vor sich hin glitzern. Ich bin wieder im Geschäft und kann mit einem Fachbegriff punkten.

«Die sehen aus wie Taucheruhren.»

«Haben alle verschraubte Krauns, Säffeier-Dohmgläs und sind wohtahrisistänt bis sixhandritt fiet. Die Däwilldeiwa sogar bis sixhandrittsixtisix Fiet.»

«Aha, sechssechssechs, die Zahl Satans, daher der Name», brüste ich mich mit Resten meiner abendländischen Bildung, doch Dschisäll scheint wenig beeindruckt:

«Ist wohl mehr so ein Mahketinggäck, es taucht ja keiner mit der Wotsch.»

Da auch ich selten in der Tiefsee unterwegs bin, wäre jetzt meine Frage gewesen, wer sich denn so einen Klotz ans

Handgelenk bindet. Und falls er doch damit taucht, wie er gedenkt, mit dem Eisenklumpen am Unterarm zeitnah wieder die Wasseroberfläche zu erreichen.

«Eine Deiwawotsch ist vom Schteil her total angesagt, weil sie den Träger maskuhliener aussehen lässt.»

Oder wie einen Idioten, denke ich, wer läuft denn meilenweit von der Wasserlinie mit einer Taucheruhr herum?

«Das Thema Tuhlwotsch ist einfach supakuhl. Sind Sie mehr der Typ für eine Äwiäitter oder eine Peilettwotsch, die haben auch diesen mega tuhligen Kärräkta. Einen Mohmong, ich zeige Ihnen mal den Näwwiteima von Breitling, ein totales Masthäww für jeden Wotschehollik.»

Habe ich es durch das Gequatsche echt bereits zum «Wotschehollik» gebracht, oder will mir die Mattmuasäll nur ‹miel autour de la barbe› schmieren? Ich versuche mit einer Fachfrage, meinen Status als Kenner zu zementieren.

«Wofür sind denn die drei kleine Uhren in der großen und die Knubbel an der Seite?»

«Die Näwwiteima ist ein Krono, und die drei kleinen Ziffablätta sind für die Ssäckens, die Minnits und die Schtunnnn, wenn man die Wotsch als Stoppwotsch benutzt. An der Seite haben wir dafür die Schtopper und in der Mitte die Kraun.»

«Und der Kringel drum herum mit den Nummern?»

«Das ist eine Tachimetaschkala.»

«Und die braucht man wozu?»

Mit vor Aufregung stockendem Atem warte ich darauf, dass Dschisäll sagt, sie wisse es nicht, und mich bittet – da ich ja ein Mann sei –, ihr aus der Klemme zu helfen. Tatsächlich weiß ich, wozu man eine Tachymeterskala nutzen kann.

Aber es ist wie mit den Logarithmen oder dem Franco-Crosti-Speisewasservorwärmer, kein Schwein fragt einen danach – Schicksal eines Anhäufers unnützen Wissens. Und so ist es auch diesmal.

«Das ist mehr ein Dieseingimmick für die Autentessittie. Es gibt auch Pilettwotsches, die wintitschinschpeiert sind. Dazu kann ich Ihnen die Erbstück-Kollektion von Laco zeigen.»

Das Wort «Erbstück» passt so gar nicht zu den bisherigen Zauberwörtern, doch die Hüterin der «Wotsches» klärt mich sogleich auf:

«Laco ist eine deutsche Bränt und legt Wert auf deutsche Autentessittie, alle ihre Wotsches sind oridschinell Replikas von oridschinell Dabbeljudabbelju Fliegerwotsches. In der Erbstück-Kollektion zusätzlich geäitscht. Man kann tschuhsen zwischen drei geäitschten Kättegories.»

Ich nehme an, die Kategorien sind «Zerkratzt», «Verrostet» und «Kaputt», halte mich aber zurück, um nicht als Spielverderber dazustehen.

«Natürlich nur vom Luk her, das Ändschiniering ist moddern. Die Wotsches passen ssuper zu geäitschten Bomberdschäckets mit den oridschinell Bädsches.»

Sollte mich jemand mit einem «geäitschten Bomberdschäcket mit oridschinell Bädsches» auf der Straße antreffen, darf er mich ohne Vorwarnung so aus der Jacke bomben. Meine zögerliche Reaktion richtig interpretierend, schiebt Dschisäll den Laden wieder zu und kramt den nächsten Schuber mit Kriegsgerät hervor.

«Eine Fieldwotsch im Dschännerällpörpesluk ist da natürlich schträiter als ein Krono, diese hier ist oridschinäll aus dem Einsatz der Bundeswehr in Bali.» Den Krieg muss ich verpasst haben, macht aber nichts, ich kann den Einsatz ja virtuell nachempfinden, indem ich diese «Fieldwotsch» erstehe. Doch da reitet mich plötzlich der Teufel:

«Gibt's eigentlich auch Uhren für Kriegsdienstverweigerer?»

«Unsere Wotsches sind ja auch nicht für den Krieg. Eine Fieldwotsch oder Millitärrywotsch ist eher eine Ommasch. Richtige Soldaten bekommen billige Kwaatzwotsches. Stellen Sie sich mal vor, der Soldat würde abgeschossen und eine Rohläcks Ssappmärinner fiele dem Gegner in die Hände, das wäre je ein unfassbarer Verlust.»

In der Tat, der Feind müsste nur hundert unserer Soldaten totschießen, ihnen die «Ssappmärinner» abnehmen und könnte sich dafür einen neuen Panzer kaufen – nicht auszudenken.

«Was ist denn Ihr Schteil, wenn Sie nicht auf Deiwa, Peilett oder Millitärry stehen?»

«Eigentlich bin ich nicht so der Schteil-Typ, eine Uhr war bisher nur ein Ding, um die Zeit abzulesen.»

«Mäh oui, aber eine Wotsch ist nicht nur eine Uhr, sondern auch ein Schtäitmänt. Mit einer Rohläcks foräcksampel sagt man, dass man es geschafft hat ...»

«Was geschafft?»

«Na ja, äwwrissing irgendwie. Mit einer Patäckfilippkallatrawa, einer Wascherongkongstatängpättrimoni oder Ommegaschpiedmasta zeigt man, dass man sich auch eine Rohläcks leisten könnte, es aber bewusst nicht tut, weil Rohläcks ist öng petit nuwohriesch.»

Die «Rohläcks» am Arm ersetzt nicht den Porsche unterm

Arsch, da niemand aus auch nur zwei Metern Entfernung erkennen kann, wie viel Moneten das Handgelenk zieren. Auch diesen Einspruch weiß die Mattmuasäll zu parieren, ohne dass ich ihn laut geäußert hätte.

«Mit einer Rohläcksdäitonapoalnjumänn, selbst mit einer Rohläckseusterpärpehtualdäitdschast ist man bei Rohläcks im Bereich der Kollektaeitäms. Und mit der Tänk von Katjee und der Reul Ook von Ohdemarspikää als Wristwotsch hat man seine Ssällfkonschenäss in ein totällie anderes Fräiming gepimpt. Als Schtäppingschtohn empfehle ich immer die Schnohfläik von Gränsseikoh, die hat einen Gohäwwriwärluk und triggert unfassbar meega an jedem Wrist ...»

Doch da hatte ich den Laden schon verlassen. Und wenn sie nicht gestorben ist, dann redet Mattmuasäll Dschisäll bis ans Ende aller Tage über ihre Wotsches. Ich hingegen überlege, ob ich mich, statt eine Lacksärriewotsch zu kaufen, lieber tätowieren lasse, das ist günstiger und auch angesagt bescheuert.

Glossar:

Dresswatch, Diver-Collection, Daily, Crown, Saphire-Dome-Glas, Water resistant, sixhundred feet, Toolwatch, Aviator, Pilot-Watch, Must-have, Watchaholic, Tachymeterskala, Authenticity, Original WW (World War) Flieger-Watches, Vintage-inspired, Aged Categories, Original Badges, Field Watch, General Purpose Look, Military Watch, Logarithmus, Badges, Statement, Collector's Item, Wristwatch, Framing;

Uhrenmarken und -typen:

Grand Seiko Snowflake, Devil Diver (Bulova), Navi-timer (Breitling), Rolex Submariner, Rolex Daytona Paul Newman, Rolex Oyster perpetual Date Just, Patek Philippe Calatrava, Vacheron Constantin Patrimony, Omega Speed-master, Cartier Tank, Audemars Piquet Royal Oak.

DER TRAUM VOM EIGENHEIM NEBST DOPPELGARAGE UND GABIONE

Wir bauen uns ein Haus. Ei, wie macht man das denn bloß? Man geht zu all den netten Maurern, Klempnern und Zimmerleuten und bittet sie, ihre wohlfeile Kunst auszuüben? Doch zuvor geht es zum Arbeitsamt, und man engagiert einen tollwütigen Frührentner – gerne Parteimitglied oder ehemaliger Fremdenlegionär mit Pitbullterrier. Diesem netten Zeitgenossen richtet man auf seinem Grundstück eine Wachstube ein. In einem anderen Winkel des zukünftigen Gartens werden Handwerkerpuppen aufgeknüpft. Jeden Tag während der Frühstückspause beginnt der Frührentner mit seinem Voodoozauber und drischt mit einer schrundigen Dachlatte auf die Puppen ein. Nach Feierabend werden von ihm anspornende Parolen auf die ungeputzten Wände gesprüht. Zum Beispiel: «Wer nicht kommt zur rechten Zeit, dem haue ich den Schädel breit» oder «Montageschaumbenutzer haben einen kurzen Pimmel». Dazwischen hängen Schaubilder mit den häufigsten Kettensägeunfällen. Jede Woche wird der lahmarschigste und unzuverlässigste Handwerker bestimmt und mit Bild und Adresse außen am Bauzaun ausgehängt, Maurer, die auf fünf Zentimeter Spaltmaß genau arbeiten, nehmen an der Verlosung eines Kleinwagens teil. Jeder Zimmermann, der neben dem achtzölligen Nagel noch andere Befestigungstechniken kennt, muss mit «Großer Meister» angeredet werden. Sobald alle Handwerker im Laufe des Vormittags eingetroffen sind, wird der Pitbullterrier auf dem Baugrundstück freigelassen und mit Wurststullen auf die Anwesenden geprägt. Damit kein Schlendrian aufkommt, wirft der tollwütige Bauwart immer wieder mal eine Brechgasgranate in den Rohbau. Täglich bei Schichtende ist Abnahmeappell. Keiner verlässt den Bau ohne Stempel. Bei schlampig ausgeführten Gewerken wird nachgesessen, in schlimmen Fällen ein Wochenendausgangs-verbot angeordnet. Tadellos verrichtete Aufträge werden an Ort und Stelle mit einer Unze Gold belohnt. Das klingt nach viel, ist aber ein Nichts gegen den langfristigen Schaden ver-deckter Schlampereien. Sollten einige Auftragnehmer die unangenehme Eigenart haben, des Öfteren gar nicht erst auf der Baustelle zu erscheinen, empfiehlt es sich, eine kleine Feldjägertruppe aufzustellen. Dazu eignet sich am besten das übelste Gelichter, dessen man habhaft werden kann: kom-plett tätowiert, auffällige Narben im Gesicht und Autos mit plump gefälschten Kennzeichen. Aufgrund der engen Gren-zen, die das Strafgesetzbuch für Privatarmeen vorsieht, reicht es oft schon, wenn diese Jungs vor den Privathäusern säu-miger Klempner und Tischler auf- und abfahren. Hilfreich ist es auch, sich rechtzeitig ein paar Schweinereien – Steu-erhinterziehung, Ehebruch o. Ä. – aus dem Privatleben der Handwerker zu besorgen. So kann man sie leichter erpressen, wenn sie nicht spuren. Beachtet man all diese Regeln, ist das Häuslebauen selbst in heutigen Zeiten noch möglich. Steht das Eigenheim, wird man von mindestens fünfzig Leuten bis zu seinem Lebensende gehasst. Sei's drum, sie hätten einen sowieso gehasst, weil man ihnen einen Auftrag erteilt hat.

Steht erst ein Haus auf eigenem Grund, wird der Traum vom Eigenheim vollkommen perfekt, sobald daneben noch die Doppelgarage steht, ebenso groß wie jenes und mit einem sechs Meter breitem Schwingtor. Das Garagenmaul im Dekor Nordische Fichte lässt sich per Smart-Home-App öffnen, wenn der Familienrüde abends aus dem Büro zurückkehrt auf die Ranch. Für den Kleinwagen der Fähe ist allerdings kein Platz mehr im Autopalast. Denn auf dem zweiten Stellplatz ruht seit Jahren ein angefangenes Oldtimerprojekt vom Chef, ein Alfa Spider oder Austin Healey. Doch der Boss und seine Wampe wissen, dass der Roadster zwar ein Zweisitzer ist, aber nebeneinander und nicht beide hinterm Lenkrad, so kommt das Projekt nicht recht voran. Ewiges Ärgernis für den Herren der Doppelgarage ist das Familiengerümpel rings um die Boliden: Kinderkarren, Puky-Räder, womöglich sogar Gartenmöbel im Winterschlaf. Der reine PS-Tempel dagegen beherbergt bestenfalls einen Ständer mit eingelagerten Rädern auf Alufelge sowie eine Lochblechwand mit den gängigsten Schlüsseln in metrischen und für Angeber zusätzlich in zölligem Format.

Die voll verklinkerte Doppelgarage passend zum Eigenheim war jahrzehntelang das Wahrzeichen des erfolgreichen Mittelstandes. Auf den heutigen Handtuch-großen Parzellen ist ein standesgemäßer Bau kaum zu realisieren und gälte wohl als Ausweis rückständiger Verbrenner-Ideologie. Es spräche zwar nichts dagegen, auch in autofreien, passiven Hafermilchsiedlungen eine Doppelgarage zu errichten – schließlich wollen Lastenräder und andere Produkte der Strampelmobilität auch irgendwo untergebracht werden. Doch den möchte ich sehen, der sich das traut. Selbst ein schützendes Dach für zwei E-Autos mit Ladestation erscheint mir fast frivol im Reich der Bewussten. Ich frage mich sogar, ob man ein E-Auto waschen darf oder ob auch das schon Huldigung des Individualverkehrs ist. In Neubaugebieten sieht man sie daher kaum noch, die riesigen Schwing- oder Rolltore als Zeichen des Wohlstands und Hüter der mobilen Pracht. Wie zeigt man aber heute der Nachbarschaft, dass man es geschafft hat, wenn die DoGa keine Option mehr ist? Und wie außer durch die Doppeleinfahrt nebst abgesenktem Bordstein lässt sich verhindern, dass fremdes Pack vor der eigenen Hütte parkt, womöglich dort für Monate sein hässliches Wohnmobil abstellt? Das lässt sich anders gar nicht verhindern, deshalb hat die Doppelgarage wohl doch noch eine Zukunft, als Blendwerk, um Fremd-Verbrenner zu vergrämen.

Fehlt noch was am Traum von der Mittelstands-Schanze? Es ist die Abgrenzung von den anderen, die genauso sind wie man selbst. Vor jedem zweiten Eigenheim steht deshalb seit Längerem eine Wand aus Vertikalschotter. Rückkehrer aus Afghanistan haben dieses schussfeste Dekorelement mit in die Heimat gebracht. Geschmacksbildend ist wie so oft die deutsche Autobahn, kilometerlang türmen sich die Drahtkäfige mit Grauwacke und Basalt an der Adolfplatte. Unbewusst grub sich im Autofahrerhirn so das Bild vom Zierschotter ein. Zu Hause angekommen in der Pendler-Favela, wälzte er sogleich den neuesten Baumarkt-Prospekt. Und siehe da, unter der bisher völlig unbekannten Produktbezeichnung «Gabione» konnte man bereits die schicke Talibanhecke für den Privatgebrauch erstehen. Im Reklamebild fand sich auch gleich ein Serviervorschlag für die Installation des Schotterkäfigs: jeweils 1,80 mal 1,80 schussfester Steinkorb und dazwischen 40 cm Raum für eine Kirschlorbeerstaude. Dann siehts nicht mehr so ganz nach Kundus oder A7 aus und hat zudem den Vorteil, dass man im Verteidigungsfall durch die Zweige des immergrünen Gewächses eine klitzekleine Haubitze schieben könnte. Während sich der Eindringling an der Schotterwand die Zähne ausbeißt, brät ihm dessen Besitzer «durchs Ziergebüsch ein Gummigeschoss auf die Schwarte». So in etwa hat man sich wohl die verquere Psyche eines Vertikalschotter-Kunden vorzustellen, ansonsten bleibt es mir unerklärlich, wieso jemand freiwillig Mineralgemisch in hässlichen Drahtkörben vor seinem Eigenheim auftürmt. Interessant wäre noch zu erfahren, ob Vatti am Wochenende seinen Genpool zu Schanzübungen abkommandiert und vielleicht in Ergänzung zur Gabionenfront einen Schützengraben hinterm Koniferenbeet ausheben lässt. Nun mag man diese neuerliche Geschmacksverirrung des Wüstenrot-Armisten eher belächeln denn bedrohlich finden, doch konnte man am selbst verunstalteten Wohneigentum des Germanen schon immer auf dessen Gesamtbefindlichkeit schließen. Der mediterrane Wahn mit Terrakottafröschen und polygonalem Betonpflaster zeugte einst von der Deutschen Sehnsucht nach romanischem Savoire vivre. Die letzte Marotte, sich den Garten mit rostigem Gerümpel und halb verfaulten Eichenstubben vollzumüllen, war dem Erfolg der LANDLUST und ähnlichen eskapistischen Periodika zuzuschreiben. Was aber will uns der Vertikalschotter im Vorgarten nunmehr sagen? Rüstet sich der Volkssturm zum letzten Gefecht? Versammelt sich das indigene Pack hinterm völkischen Schutzwall? Oder sieht das einfach nur scheiße aus? Ich hoffe mal zu unser aller Beruhigung, Letzteres wird es sein!

IM HOTEL

Dieser Geruch, allein der Geruch – wie in einer Wohnung mit inkontinenten Sohlengängern. Genauso müffelt der deutsche Hotelflur. Und damit das Odeur nicht flöten geht, beatmen Hilfstruppen täglich die Auslegeware mit dem Klopfsauger. An jedem Flur sind um mehrere Ecken herum ein paar Dutzend Zimmer aufgereiht. Die Nummerierung hat der Innenarchitekt mit der Random-Taste seines Laptops festgelegt. Will man die müffelnde Loipe in Richtung der angemieteten Zelle verlassen, gilt es, mithilfe einer Plastikkarte den magnetischen Code eines Schaltkastens an der Tür zu knacken. Nur Taschendieben und Gynäkologen gelingt es auf Anhieb, die Karte mit der nötigen Feinfühligkeit in den Spalt einzuführen.

Hat schließlich ersatzweise ein Hotelfuzzi die Tür geöffnet, brüllt uns gleich die Glotze an, und auf dem Bildschirm steht in Super-Mario-Lettern «Herzlich Willkommen Herr Wischmeyer, Ihre Regent-Palace-Sunrise Gruppe». Nach zwanzigminütigem Gefummel an der monströsen Fernbedienung gelingt es, die Glotze abzuwürgen, ohne dass ein gebührenpflichtiger Fickelfilm aus Versehen losflackert. Auf dem Nachttisch steht eine Literflasche Leitungswasser mit einem Kärtchen dran: «Genießen Sie die kleine Aufmerksamkeit Ihres Sunrise-Hotels.» Zum Glück entdecken wir noch rechtzeitig den mikroskopisch kleinen Preis: 8 Euro 90 soll die Aufmerksamkeit kosten. Die Nasszelle besticht

durch die übliche Anordnung der Sanitärobjekte: Toiletten-
schüssel unter dem Waschbecken, Dreieckdusche für buli-
mische Leptosome und Handtuchtrockner mit obligatem
Warnschild: «Der Umwelt zuliebe benutzen Sie bitte keine
Handtücher, sondern trocknen sich mit Ihrem alten Schlüpfer ab, vielen Dank». Der Hauptraum der Vertretersuite hat
neben der Liegestatt noch Raum für ein altrosa Cocktailses-
selchen und einen winzigen Schreibtisch. Darauf steht ein
Plastikständer mit hundertfünfzig Prospekten. Nicht einer
davon bezieht sich auf die Stadt, in der wir gerade weilen.
Alle Hochglanz-Leporellos bewerben die anderen Objekte
der Regent-Palace-Sunrise-Gruppe, nur deren Coverseiten
sind verschieden.

Der nächste Schritt in der Erkundung unserer Unterkunft
ist das Enträtseln der Beleuchtungsfunktionen. Es gilt, acht
Kippschalter fünf Lampen zuzuordnen. War gar nicht so
schwer: Die barocke Nachttischlampe lässt sich vom Bad
aus bedienen, und an der Eingangstür aktiviert man den
Rest. Nur die Minibar lässt sich natürlich nicht ausschalten.
Was ein Glück, denn sonst wüssten wir gar nicht, wie wir
sonst alle zwanzig Minuten aus dem Schlaf schrecken könnten, würde nicht regelmäßig der polnische Kühlermotor an-
springen. Das Bett, eigentlicher Zweck unseres Verweilens,
besteht aus einem Winterüberwurf für Kriegselefanten und
der darunterliegenden Milbenheimstatt namens Matratze.
Hier drauf haben Tausende vor uns ihren Körperparasiten
Landgang gewährt, geschwitzt und geröchelt. Um jetzt dennoch den Schlaf zu finden, hilft nur der beherzte Griff in
die Minibar: Gin plus Tonic 8 Euro 90. Beim ersten Schluck
entdecken wir, dass ein gleichermaßen knausriger als auch

gewitzter Vorgänger den Gin gegen eine unbekannte Ersatz-flüssigkeit ausgetauscht hat – hoffentlich war es Wasser.

Aufwachen in einem Hotel am nächsten Tag ist wie in der Gefängniszelle eines unbekannten Staates: Schlüssel-klirren auf dem Flur, die Tür wird aufgerissen, zwei finstere Gestalten in Uniformen poltern herein, fuchteln mit langen Prügeln in der Luft herum und reden in fremden Zungen. Doch so überraschend, wie er kam, ist der Spuk auch wieder vorüber. Gegen das überfallartige Auftauchen der Putzge-schwader in der Hoteldämmerung hilft nichts: weder das «Bitte nicht stören»-Schild noch die Verriegelung des Ein-gangs. Die Schergen sind mit Generalschlüsseln und Bol-zenschneidern versorgt. Aus Rache dafür, das Zimmer nicht frei vorgefunden zu haben, stellen sie den zweimotorigen Staubsauger direkt vor die Tür und wummern minütlich mit dem Saugrüssel gegen das Türblatt. Nach anderthalb Stunden haben sie keinen Bock mehr zum Rumnerven und verziehen sich wieder in den Hotelkeller.

Uns gelingt es, zurück in einen leichten Schlummer zu fal-len, bis nach zehn Minuten die Tür erneut aufgerissen wird und ein weiterer Fremdling in der Bude steht: «Mache Mini-bar auffülle», kann er noch sagen, bevor ihn die Fernbedie-nung an der Schulter trifft. Doch nun ist es zu spät, wir sind wach und torkeln in die Nasszelle. Nach grober Beseitigung des Schlachtfeldes, das die unruhige Nacht in unserem Ge-sicht hinterlassen hat, sind wir reif für den Frühstücksraum. Fremde Leute beim Frühstück zu sehen, ist das Perverseste, was ein junger Tag zu bieten hat, mal abgesehen von dem Frühstück selbst: zehn Quadratmeter Matjessalat, Apfelku-chen, Schlimme-Augen-Wurst und ein Dutzend Eimer mit

Hühnerfutter. Fern der Blicke des sensiblen Mitteleuropäers kredenzt man den Schweinefraß, den sich der Brite am Morgen ins Gesicht stopft: Bratwürste in bräunlicher Jauche, mumifizierte Speckschwarten, dazu passende Pilze und Pferdebohnen im eigenen Saft. Selbst das Rührei, an sich kein komplexes Gericht, schmeckt fad und schwammig. Für passionierte Kaffeetrinker geben sich die Hotels noch extra viel Mühe. Damit das Koffeingetränk auch schön altfüßig schmeckt, wird der Kaffee immer von der Spätschicht schon am Abend vorher aufgebrüht und in Thermoskannen abgefüllt. Dann lässt man ihn am Morgen nur noch ein halbes Stündchen auf der Toilette atmen, und schon hat man den unnachahmlichen lauwarmen Geschmack von aufgekochter Fußmatte, den wir Kaffeegenießer so schätzen. Just in dem Moment, wo wir uns für die am wenigsten ekelerregenden Bestandteile des Buffets entschieden haben, beginnen die Saalsheriffs mit dem Abbau. Hungrig kehren wir in unsere Zelle zurück und stellen fest, dass die Zeit unserer Abwesenheit von der Palastwache des Hotels genutzt wurde, um in dem Zimmer eine Orgie an asiatischer Faltkunst zu veranstalten. Selbst das Toilettenpapier ist dreimal gefalzt, und aus unserem Personalausweis hat einer der Künstler einen Papierflieger gebastelt. Entnervt raffen wir unsere Sachen zusammen, gehen zur Rezeption und schlagen den Portier nieder. Vielleicht bekommen wir so ein anständiges Zimmer für die nächste Nacht – auf dem Polizeirevier.

IN DER AUTOWERKSTATT

«Da leuchtet wieder was neben dem Tacho, Schatz», so beginnt und endet jede zweite Fahrt eines Pkw aus aktueller Produktion. Seitdem die Autos immer zuverlässiger wurden, haben sich die Vertragshändler einen Trick überlegt, wie sie die Kundschaft in ihre Räuberhöhlen locken. In unregelmäßigen Abständen, ausgelöst durch einen Zufallsgenerator im Steuergerät, erscheinen blinkend im Amaturenbrett altägyptische Piktogramme. Am Pkw selber merkt man keinerlei Ausfallserscheinungen, allein das Geblinke will nicht nachlassen und nervt gehörig beim Geradeausfahren. Also begibt man sich in die Hölle des Aftermarkets, so genannt, weil man sich hier professionell der Kundenverarschung widmet. Die sogenannten Vertragswerkstätten halten weder Verträge mit ihren Kunden ein, noch sehen sie überhaupt aus wie eine Werkstatt. Im Eingangsfoyer stehen Vitrinen mit Bademänteln, Baseballkappen und Sonnenbrillen. Zwischen blitzeblanken Neuwagen lauern gegelte Schnösel auf zweibeinige Abwrackprämien, um ihnen einen ruinösen Leasingvertrag aufzuschwatzen. Ganz hinten leuchtet ein Schild: «Dialogannahme» steht dort. Diese Bezeichnung hätte man eher über dem Beichtgestühl eines Pfaffen vermutet. Hier allerdings nimmt ein - ich sag mal bösartig - Huhn den laienhaften Befund des Beschwerdeführers, also uns, auf. Damit wir nicht auf den Gedanken kommen, dieses Huhn mache sich auch an unserem Wagen zu schaffen, werden wir mit dem blechernen Patienten zu Tor drei beordert. Da erfolgt Schritt zwei der Dialogannahme: Ein grau melierter Herr in gebügeltem Blaukittel labert uns noch weitere Defekte an die Backe, um das Rechnungsvolumen hochzukitzeln. Sobald wir den Auto-OP verlassen haben, kommt ein Azubi aus dem Off und steckt einen Spezialstecker in den Zigarettenanzünder: Damit, und nur damit kann man die blinkende Hieroglyphe ausknipsen. «Fehler auslesen» nennt sich diese Schamanentätigkeit und hat genau wie das Geblinke davor keine Auswirkungen auf den Zustand des Fahrzeugs. Ist das geschehen, wird das Auto – wenn man Glück hat – eine Anstandsfrist lang von drei, vier Tagen auf den Hof geschoben, und danach ruft das Huhn bei uns zu Hause an und flötet, dass nun alles repariert worden sei und man sich auf tausendvierhundert Euro plus Mehrwert freue, gerne auch im Lastschriftverfahren, damit es für uns beim nächsten Mal bequemer geht. Hat man Pech, wird der eigene Wagen nicht ignoriert, sondern der Lehrling übt daran den Ein- und Ausbau sicherheitsrelevanter Teile, oder noch lustiger: Als Investition in die Zukunft wird schon mal der Lambdasonde einer mit dem Motteck verpasst, damit man sich bald wiedersieht in der Dialogannahme.

Noch interessanter wird es, wenn sich tatsächlich mal ein Defekt bemerkbar macht. Irgendwas klappert an der Karre, beim Auskuppeln kommt ab und zu so ein knarzendes Geräusch. In besagter Vertragswerkstatt steckt der Mechatroniker wieder seinen Diagnosestecker in die Buchse unterm Aschenbecher. «Ja, die ausgelesenen Daten sind völlig normal. Da müssten wir mal reingucken, kann sein, dass es nur 'ne ausgeschlagene Buchse ist, das ist ein Pfennigbetrag, also circa achtzig Euro.» In Autowerkstätten hat die Währungs-umstellung einen ganz eigenen gefühlten Umrechnungsfak-tor erreicht. «Kann natürlich auch die ganze Kupplung sein, oder das Getriebe.» Sicher, warum nicht gleich der Dachge-päckträger, kann doch alles sein, dafür geht man schließlich zum Fachmann. «Ich mach Ihnen mal 'nen Vorschlag, wir gucken mal rein, und dann wissen wir mehr, isses nur die Buchse, da kommen schlappe hundertzwanzig auf Sie zu plus Stunden ...» Sind jetzt schlappe hundertzwanzig Euro achtzig Euro, oder wie läuft das und wie addiert man Valuta mit Zeiteinheiten? Ich wurde sofort aufgeklärt: «Dreiein-halb Stunden sind vierhundertzwanzig plus Märchen, wenn wir nix finden, haben wir jedenfalls mal reingeguckt.» Doch zwei Tage später hatten sie was gefunden, und mir fiel ein Stein vom Herzen, dass die vierhundertzwanzig nicht verge-bens waren. «Es war das Getriebe, Kernschrott, das kommt in einem von hunderttausend Fällen vor bei dem Modell.» Mich überkam sofort ein gewisser Stolz. «Neu kostet es ab Werk zweieinhalb, plus Bereitstellung, plus Überführung, plus Lagerkosten bei uns, ja, das wären dann übern Daumen schlappe vier.» Wenn achtzig Euro schlappe hundertzwan-zig sind, müssten nach dem Gesetz des Dreisatzes schlappe Vier 2666 Euro sein, also billiger als der EK ab Werk. Sehr schnell stellte sich jedoch heraus, dass schlappe Vier bei Licht besehen harte Fünf sind. «Ja, und wenn wir schon mal alles aufhaben, dann würd ich die Kupplung auch gleich mit austauschen, wäre ja blöd, wenn Sie nächste Woche noch mal wiederkommen müssten, nur mal den Fall an-genommen.» Das wäre in der Tat voll bescheuert, also raus mit der alten Ölschleuder. «Ich sag mal, mit überm Daumen anderthalb könnten wir Ihnen das machen.» Geschenkt, da sollte man doch öfter mal zum Kupplungsshoppen vorbeigucken. «So, am Freitag müssten wir dann alles so weit wieder zusammenhaben.» Auf dem Nachhauseweg zu Fuß rechnete ich mal kurz durch: schlappe Vier macht fünf plus überndaumene anderthalb macht zwei plus Märchen gleich achttausendeinhundertzwanzig, oder schlappe Neun, wie wir Insider sagen.

Als ich den Wagen dann abholte, waren es dann doch eher schlappe elf, denn ich Trottel hatte die ominösen «eigenen Schmierstoffe und Kleinteile» vergessen. Drei Wochen später knarzte es wieder beim Auskuppeln, aber diesmal war ich schlauer: ab damit ins Internet mit der Karre. Weggegangen isser für schlappe Sechs, also ehrlich gesagt für vier ohne Märchen.

WIR SIND DANN MAL WEG

«Wo sind die denn alle?» Diese Frage stellen sich Arbeitgeber, wenn sie am frühen Morgen ihre Firma betreten,
aber auch normale Bürger, wenn sie ein Behördenbiotop
der angeblich dort Beschäftigten betreten. Frau Gluscho-
rek ist in Elternzeit, die teilt sie sich mit ihrem Mann Uwe,
der dann ab dem Sommer nicht mehr da ist. Herr Fricken
hat sein Sabbatical noch mal um sechs Monate verlängert,
weil seine Frau als Folge ihrer Selbstfindung verrückt geworden ist. Susi vom Empfang ist in der Pause. Die Meyer
aus dem dritten Stock ist auf halber Stelle und sowieso nur
Montag und Mittwoch nachmittags da sowie freitags bis
11 Uhr. Sascha aus dem Marketing ist noch bis November
im Transgender-Mutterschutz. Dafür kommt Frollein Nö-
sekabel zwei Wochen früher aus ihrem Burn-out zurück,
allerdings nur halbtags. Herr Grindoleit vom Kundenservice bekommt dreimal die Woche Fangopackungen wegen
seinem Fuß. Freitags vertritt ihn Frau Zusche aus der Wie-
dereingliederungsmaßnahme für dyskalkulatorische Lang-
zeitarbeitslose. Hausmeister Özkan Gül ist mehrfach pro
Schicht im muslimischen Gebetszimmer neben der Toilette.
Dummerweise passen die Gebetsvorschriften nicht mit der
tariflichen Ruhezeitenregelung zusammen, sodass Herr Özkan leider nur zeitnah über die Hauspost zu erreichen ist.
Frau Muschkot ist immer noch in Behandlung, und die
Produktion macht Mittag. In Zimmer 14 ist im Moment

niemand, einer hat Mehrarbeitsausgleich, Frau Blaschke ist nur eben eine rauchen, und Herr Wibbelt kommt nicht mehr zurück – munkelt man. Frau Ranzmann geht zweimal die Woche etwas früher wegen der Busverbindung. Auf der ersten Etage läuft diese Woche nichts wegen der Betriebsversammlung am Donnerstag, dafür braucht man die Stühle. Herr Gallmann und das Frollein Uschi sind im Homeoffice, und zwar zusammen, wie man hinter vorgehaltener Hand raunt. Frau Muschkot ist wohl noch in Behandlung. Montags trifft sich der Betriebsrat im Konferenzraum, dann geht in der Buchhaltung bis mittags nichts. Die Betriebsratsvorsitzende ist schon in passiver Altersteilzeit, und die Gleichstellungsbeauftragte bereitet mit Herrn Mugsch vom Brandschutz ein Konzeptpapier für die tariflich zugesicherte Weihnachtsfeier vor. Herr Kallweit ist zu einer Weiterbildung «Ausdruckstanz für Männer ab 50» auf Sylt, wo seine Lebensgefährtin einen Körperfindungs-Workshop anbietet. Die Patzeck aus dem Verkauf will in zwei Jahren in Frührente und lässt es schon mal etwas langsamer angehen. Die Kollegen aus dem Marketing haben das dritte Meeting an diesem Tag und wurden vor zwei Stunden beim Italiener gesehen. Herr Schadewald aus dem Erdgeschoss ist ab nächster Woche in Urlaub, danach bummelt er sein Zeitkonto ab, gerade ließ er ausrichten, er wäre beim Arzt und es sähe wohl nach ein, zwei Woche Ruhe aus, um die er seinen Urlaubsantritt verschieben müsse. Frau Muschkot ist immer noch in Behandlung. Dienstag bis Freitag sind die klassischen Brückentage nach Ostermontag, da sind dann sowieso alle weg!

PAARE
UND
TRABANTEN

IM BIERGARTEN ZU ZWEIT ALLEIN

Rebecca und Hans-Georg

Die beiden sind die Mittelstädts und ein etwas in die Jahre gekommenes Ehepaar des saturierten Bürgertums. Er ist Schuldirektor, Staatsbeamter, Biertrinker, spielt ein bisschen Tennis und besucht – wenn auch nicht ganz freiwillig – Museen und Theater. Sie hat früher mal als Chefsekretärin gearbeitet, der Kinder wegen aber den Beruf aufgegeben. Nun, da die Kinder aus dem Haus sind, dekoriert sie das Heim mit Terracotta und anderem mediterranem Klimbim. Sie ist frustriert, sexuell desillusioniert und hält ihren Gatten für einen unkultivierten Waschlappen. Er würde am liebsten mit einer Jungen durchbrennen, findet erstens aber keine und scheut die Isolation danach, wenn der Pärchen-Freundeskreis ihn verstößt. Beide hält nur die Konvention, die wirtschaftliche Verflechtung und die Bequemlichkeit zusammen. Ihre Gespräche bewegen sich in nahezu jeder Alltagssituation immer zwei Grad unterm Siedepunkt. Sie zischt, er brummt. Doch sehr schnell zerbirst die dünne Lavadecke, und ungeachtet aller Umstehenden bricht der Vulkan aus.

Sie: «Alles voller Fliegen und Bremsen, lass uns bitte woanders hingehen.»

Er: «Bremsen gehen nur an Pferde, die scheinen dich zu verwechseln – außerdem, wenn man raucht, verziehen die sich ganz schnell wieder.»

«Typisch, du hast wieder einen Grund gefunden, um mich mit deinen Zigaretten vollzuqualmen. Weißt du eigentlich, wie schädlich Passivrauchen ist?»

«Noch schädlicher als selber rauchen, nehme ich an?»

«Mach dich nur lustig, wenn ich dereinst an deinem Grabe stehe, wird dir das Lachen schon vergehen.»

«Jedenfalls ein Trost, dass ich mir das nicht mehr angucken muss. – So, ich hol jetzt was zu trinken, was willst du?»

«Einen gespritzten Prosecco mit Limette.»

«Son Weiberkram gibt das hier nicht.»

«Was bitte schön ist daran Weiberkram?»

«Im Biergarten trinkt man Bier, sonst hieße er ja Weibergesöff-Garten.»

«Wann hast du dich eigentlich das letzte Mal gewogen?»

«Was soll das denn jetzt?»

«Durch dein ständiges Biergesaufe wirst du immer fetter und fetter.»

«Ständiges Biergesaufe? Aber du mit deinem Latte macchiato.»

«Alkoholfrei, mein Freund!»

«Dreiviertel fettiger Rindertittensaft.»

«Musst du immer gleich vulgär werden?»

«Ich hol mir jetzt 'n halben Liter Weizen, willst du jetzt auch was?»

«Eine kleine Weinschorle.»

«Warum nicht gleich Brennnesseltee?»

(Er kommt zurück.)

«So, für mich ein Weizen und für dich das hier, mein Schatz. Sag mal, muss das sein? Ausgerechnet den beschissensten Platz, mitten in der Sonne.»

«Genieße doch mal die Sonne, dann siehst du vielleicht nicht mehr aus wie eine bleiche Made.»

«Du weißt genau, dass ich sehr schnell einen Sonnenbrand kriege.»

«Warum trägst du auch nicht den schicken Strohhut, den ich dir geschenkt habe?»

«Damit ich aussehe wie Heinz Erhardt auf Urlaub?»

«Ach, der Herr rechnet sich noch Chancen aus beim anderen Geschlecht – bei aller Liebe, aber der Zug ist für dich abgefahren.»

«Jennifer zum Beispiel findet mich noch sehr attraktiv.»

«Lass bitte die kleine Schlampe aus dem Spiel.»

«Jennifer studiert Kunstgeschichte.»

«Sag mal, was ist das denn? Das ist doch keine Weinschorle.»

«Irgend son anderes Weiberzeugs, Weinschorle hatten se nicht.»

«Jetzt reicht es mir aber» – *(sie flippt aus)* – «hier und jetzt habe ich die Schnauze gestrichen voll: Du interessierst dich überhaupt nicht für meine Bedürfnisse.»

«Bloß weil ich dir deine Schorle nicht mitgebracht habe?»

«Die Schorle steht für alles, was du mir angetan hast.»

«Du bist doch krank, komm, ich bring dich in die ambulante Psychiatrie.»

(Sie, sich an andere Gäste wendend:) «Sagen Sie's ihm, wer hier von uns beiden krank ist. Na los, sagen Sie ihm, was für ein perverses, krankes Nichts er ist.»

«Das hier ist unter meinem Niveau, mit dir spreche ich doch gar nicht mehr.»

(Sie schüttet sein Weizenbier um.)

«Jetzt bist du total übergeschnappt, weißt du, was ein Weizen hier kostet?»

«Und wenn es hundert Euro sind, die zahl ich gern, nur damit du vor Durst verreckst.»

SÜSSER DIE GLOCKEN
Annbritt und Rolf-Rüdiger

Fernab vom sündigen Lichtermeer der Stadt liegt in nachhaltiger Dunkelheit versunken die kleine Ökosiedlung «Am Dinkelpark». Politisch korrekte Passivhäuser reihen sich wie an einer Perlenschnur aufgezogen den Rhabarberschorle-Weg entlang. Ein gesteinigter Verbrennungsmotor im struppigen Vorgarten und die verkohlten Reste eines SUV zeigen, dass es die Bewohner ernst meinen mit der Energiewende. In Nummer 8 wohnen die Schneider-Wombels: Annbritt, Rolf-Rüdiger, Lisa-Marie und Finn-Elvis Schneider-Wombel. Wie Zackenbarsche im Aquarium blicken traurige Kindergesichter aus den zehnfach verglasten Fenstern in den frischen Schnee hinaus. Sie sind traurig, weil sie seit vier Wochen nicht mehr draußen waren. Die Passivhaus-Software hatte die Türen verriegelt, damit keine Wärme verloren geht. Trotzdem war es schweinekalt, denn lediglich aus der zurückgewonnenen Energie ihrer Körperausdünstungen wurde das Hause mit jämmerlichen vier Grad über null frostfrei gehalten. Alle vier Schneider-Wombels hatten sich seit Oktober in riesige Säcke aus ungewaschener Schafwolle eingenäht, die sie nur zum Toilettengang verließen. Darüber war es Dezember geworden und nun sogar Heiligabend, ohne dass ein Mitglied des Ökorudels erfroren war. Rolf-Rüdiger und Annbritt waren mächtig stolz, dass ihre Kinder jetzt schon den dritten Winter überlebten. Insgeheim – und weil die beiden Kleinen schon seit Wochen so traurig guckten – dachte jeder von ihnen daran, am Heiligabend die Zügel mal etwas lockerer zu lassen – womöglich sogar die Tür für einen Moment zu öffnen, um den Geruch frischen Schnees einzuatmen statt den von nachhaltigen Kichererbsenfürzen. Allerdings traute sich keiner von beiden gegenüber dem anderen, den steinigen Pfad ihres winzigen ökologischen Fußabdrucks als Erster zu verlassen.

Doch plötzlich klopfte es an der Tür. Das Grau in den Karpfengesichtern der beiden Rangen wich einem intensiven Leuchten, und auch die beiden Alttiere schauten erwartungsvoll zur Tür. «Herein, wenn's kein Braunkohle-Bagger ist», scherzte Rolf-Rüdiger. Und wie durch ein Wunder öffnete sich die Eingangstür, denn «Braunkohle» war das Passwort für den Energiesparrechner, Rolf-Rüdiger hatte es seinerzeit selbst ausgewählt, da wohl niemand in der ganzen Siedlung jemals den Begriff in den Mund nähme.

Und als wären der Wunder noch nicht genug geschehen, stand Santa Claus in der Zarge. «Fröhliche Weihnacht überall» tönet der kleinen Schneider-Wombels froher Schall. Und auch das traute hochheilige Paar blickte einander verliebt in die Augen, denn jeder dachte vom anderen, er beziehungsweise sie habe den roten Gast bei der Weihnachtsmann-Agentur gebucht. Doch wie uns schon die Alten sungen, sollte man auch am Heiligabend keinen Fremden in die Wohnung lassen, denn List und Tücke regieren allzeit auf Erden, wo wir Menschen sind. Die weihnachtliche Freude der Schneider-Wombels währte denn auch nicht lang und war gänzlich erloschen, als der Mann in roter Kutte die ersten Worte sprach: «Eine milde Gabe bitte, dies ist ein Überfall.»

DIE DICHTERLESUNG

Rebecca und Hans-Georg

Er: «Was ist das überhaupt für ein Pinscher, den ich mir hier anhören muss. Du weißt, dass heute Abend das erste Qualifikationsspiel zur Fußball-Europameisterschaft übertragen wird.»

Sie: «Blamier mich bitte nicht schon, bevor es losgeht.»

«Ja und wer ist der Knilch?»

«Ein vielversprechender junger Autor.»

«Viel versprechen und nix halten, hahaha.»

«Merkst du gar nicht, dass außer dir niemand über deine abgestandenen Witze lacht?»

«Wo ist denn hier die Theke, ich nehm uns ein paar Pils mit rein, sonst überlebe ich die zwei Stunden Gesülze nicht.»

«Hier gibts keine Theke, das ist eine Kulturveranstaltung und keines deiner Bums-Treffen.»

«Was denn bitte schön für Bums-Treffen?»

«Ach, tu doch nicht so, meinst du, ich weiß nicht, wo du dich jeden Freitag mit Volker und Hartmut rumtreibst.»

«Auf der Ortsvereinssitzung der SPD.»

«Dass ich nicht lache, und warum riecht dein Jackett immer nach billigem Deo?»

«Wie hieß der Dichter noch mal, den wir hier heute hören dürfen?»

«Ach, auf einmal ist es ein Dichter, jetzt, wo deine Schweinereien ans Tageslicht kommen.»

«Komm, lass uns reingehen, sonst kriegen wir keinen Platz mehr.»

(Beide gehen rein und setzen sich in eine der letzten Reihen.)

«Pünktlichkeit ist nicht des Herrn Dichters zweiter Vorname, was?»

«Nun fang nicht schon wieder an zu stänkern. Konzentrier dich lieber auf die Lesung.»

«Was kann mir so ein Schnösel schon erzählen, was ich nicht schon weiß?»

«Zum Beispiel, wie man es schafft, nicht nach verfaulten Zwiebeln zu stinken aus dem Hals.»

«Wer wollte denn unbedingt beim Griechen essen vorher?»

«Ich habe aber nur einen kleinen Hirtensalat gegessen. Aber wer haut sich da die doppelte Portion Gyros rein und ... halt, unterbrich mich nicht ... säuft auch noch drei Ouzo hinterher?»

«Es war halt etwas fettig, das Fleisch.»

«Du frisst wie eine ausgehungerte Hyäne, obwohl ich dir heute Mittag einen Tofu-Bratling gemacht habe.»

«Obwohl!? Nach dem seifigen Stück Plastik hätte ich ein halbes Schwein verschlingen können vor Gier.»

«Das sieht dir ähnlich! Interessiert dich eigentlich noch etwas anderes als Saufen und Fressen?»

«Ja, Rauchen, wo sind hier eigentlich die Aschenbecher?»

«Du tickst wohl nicht richtig! Rauchen! – Am besten, du gehst jetzt und beschmutzt nicht diese Veranstaltung weiter mit deiner Primitivität.»

(Er steht auf.) «Sehr schön, dann treff ich mich eben mit Volker und Hartmut, die verstehen mich im Gegensatz zu dir, MEIN SCHATZ.»

«Aber das sage ich dir, Freundchen, wenn du deinen Puffbesuch wieder mit der EC-Karte von unserem gemeinsamen Konto bezahlst, wirst du mich kennenlernen.»

(Er, weggehend:) «Viel Spaß mit deinem Schöngeist hier!»

(Sie zu anderen Frauen:) «Er hat nur noch zwei Wochen zu leben, sonst würde ich mir das nicht gefallen lassen – Hodenkrebs Endstadium!»

LIEBE IN ZEITEN DER FRUCHTLOSIGKEIT
Björn und Sandra

Ich war ja schon bei der Hochzeit dabei, also bei Björn und Sandra, und damals hab ich schon gedacht: Wenn das man gut geht. Die beiden waren ja so was von ineinander verliebt, die konnten die Hände sogar im Standesamt nicht bei sich behalten. Für solche ist die Ehe dann natürlich ein Schock. An sich ist es ja besser, wie es früher war: Die Eltern machen die Sache zwischen den Kindern klar, und bei der Hochzeit sehen die dann, was in der Wundertüte ist. Wenn's 'ne Niete ist, kann man nix dafür und hat seine Ruhe in der Ehe. Die Nummer mit dem ganzen Selber-Aussuchen, das muss ja schiefgehen. Da macht man sich ja ohne Ende Vorwürfe, was man doch für ein Blödmann war, so in die Scheiße zu greifen.

Björn und Sandra jedenfalls hatten das schon nach zwei Wochen raus. Also hauptsächlich Sandra, als Björn jeden Abend nackig im Schlafzimmer stand. Ich weiß nicht, ob ihr das auch schon mal beobachtet habt: Es gibt so Körper, da macht es nix, wenn man die einmal im Monat nackt sieht, sagen wir mal dieses hässliche Höhlenvieh aus Mexiko. Aber jeden Abend so ein Riesen-Nacktmull bei sich im Schlafzimmer, das ist einfach zu viel. Sandra jedenfalls fand das vor der Hochzeit noch nicht so schlimm. Gut, sagte sie sich, der Björn, der sieht an sich nicht wie 'n Model aus mit seinen

dünnen Beinen und diesen frei pendelnden Christbaum-
kugeln zwischen den Hinterläufen. Sandra sagte sich aber
auch: Scheiß was drauf, der Björn ist als Berufsschullehrer
unkündbar, da lass ich mal fünfe grade sein. Weil, sie hatte ja
noch ihre Wohnung, und jeden Freitagabend kam der Björn
vorbei, machte den Nacktmull und Hauruck die Waschfrau.
Als dann aber die Ehe über die beiden kam, zog Björn zu Sandra, und es blieb für sie bei nur am Freitag. Aber das Höhlenvieh stand jetzt ungepoppt jeden Abend nackt im Zimmer. Da wollte Sandra sich eigentlich schon scheiden lassen,
wegen diesem Anblick, hat sich dann aber doch anders entschieden. Und damit man mal was Schönes hat zum Drauf-
gucken, hat sie sich eine Französische Bulldogge gekauft,
klingt nach viel Hund, ist aber so eine mickrige krummbei-
nige Fußhupe. Keine Ahnung, warum sich Sandra nicht zur
Abwechslung mal was Ansehnliches in die Wohnung geholt
hat, erst den staksige Björn und dann Philcollins.

So hieß der Hund, Philcollins, weil die sich vom Kopf her
tatsächlich etwas ähnlich sahen.

Sandra und Philcollins haben dann jedenfalls die Ehe
mehr oder weniger unter sich ausgemacht, und Björn lief
nur noch so mit. Er hatte sich im Heizungskeller eine Art
Panicroom eingerichtet und kam abends meist noch eine
Stunde hoch, wenn sagen wir mal «Ein Fall für zwei» lief im
Fernsehen, weil unten war kein Kabel. Jetzt würde unsereins
sagen: Alles bestens, die Ehe hat sich eingependelt, und da
kann jetzt nicht mehr groß was anbrennen, was nicht sowieso schon hinüber ist.

Diese unnatürliche Verliebtheit war ja schon sehr schnell
überwunden, und wie das mit dem Sex war, weiß ich jetzt

nicht direkt, aber da ist ja irgendwie auch ambulant dran-zukommen. Björn war auch nicht direkt unglücklich, und dann war auch der eine Hoden irgendwie weggeflutscht, der Arzt meinte, das wäre womöglich psychosomatisch. Na ist auch egal, im Love Mobil an der Bundesstraße werden die sicher nicht durchgezählt, konnte also Björn wurscht sein, wie viel von den Dingern jetzt aktuell noch im Bestand waren von seiner Unterhose.

Und Sandra war es ja sowieso piepegal, Hauptsache, Phil-collins hatte noch alle Klöten. Mit dem ging sie jeden zweiten Sonntag auf Hundeshows, und da werden die Dinger immer akkurat abgezählt. Unter zwei wirst du da kein Weltsieger oder wie das heißt. Phil, also ich hab ihn immer nur Phil genannt, weil ich dachte: kumpelhafte Anrede, dann beißt es dir nicht gleich ins Bein, das Mistvieh. Phil holte jede Menge Pokale und war ein echter Siegertyp. So lebte also Sandra mit drei Hoden in einer Wohnung: zwei am Hund und einer am Björn im Keller.

Alles kein Problem, wenn Sandra es nicht in den Kopp gekriegt hätte, mit Ende dreißig noch ein Kind zu wollen. Dafür war die Verteilung der Hoden in der Wohnung natürlich ungünstig. Der mit den zweien hatte die falsche Anzahl Chromosomen, der mit den richtigen Chromosomen nur einen aktuell im Angebot. Okay, das ist wie mit den Nieren, da kannst du auch mit einer problemlos weiterleben, aber eben nicht so viel saufen.

Bloß musste Björn auf seine alten Tage jetzt noch mal richtig ran: Er kannte das ja im Wesentlichen nur noch aus diesem Lieferwagen an der Bundesstraße, da ging man rein, legte 'nen Fuffi aufn Tisch, und um den Rest musste man sich nicht groß kümmern – es ging ja auch mehr oder weniger um nix.

Jetzt bei Sandra, die er übrigens nackt kaum wiedererkannt hätte, sagte er mir mal mit 'nen paar Bier zu viel intus, jetzt bei Sandra, da musste ja gefechtsmäßig gearbeitet werden wie auf der Hengststation. Es war ja nicht so, dass Björn direkt was gegen Sex gehabt hätte, aber etwas Spaß sollte es dann doch machen, kostet ja auch Zeit und überhaupt.

Ein halbes Jahr ging das so: Immer wenn bei Sandra am Arm so eine Art Ampel auf GRÜN sprang, brüllte sie in den Keller, und Björn musste ran. Keine leichte Übung mit einer Frau, die dabei das Sudoku in der Brigitte löst – also, als Björn mir das erzählte, da hab ich dann doch den Hut gezogen vor ihm. Sandra hatte jede Menge Eisprünge, aber das eine von Björn blieb weiter im Verborgenen, und Sandra nannte ihren Björn jetzt schon ständig «Adolf den Eineiigen», was ihn nicht unbedingt zeugungsfähiger machte, denn die Fantasie wämst ja mit beim Sex, so gesehen.

Deshalb, so sagte jedenfalls der Besamungstechniker in dieser Reproduktionsklinik, wo sie schlussendlich waren, reichte es bei Björn vorne und hinten nicht, also hauptsächlich vorne, und er hätte das genauso gut sein lassen können mit dem Sex die letzten sechs Monate, hätte alles nix gebracht. Als Björn das hörte, war er natürlich stinksauer. Rackert sich da ab für nix und wieder nix! Andererseits war er aber auch froh, dass es vorbei war.

Da hatte er sich aber schwer getäuscht. Denn der Embryoschnitzer in dieser Klinik behauptete nun weiter: Wäre alles kein Problem, die Samen von Björn könnte man optimieren. Da müsste er nur ungefähr zwanzig Mal hier in diese Klinik kommen und im Angesicht eines Fernsehgerätes über die Seemannsbraut rüber und direkt in so ein Glas rein mit der ganzen Erbinformation. Aus dem kompletten Material von Björn könnte man dann ein Kubikmillimeter scharfe Munition rausfiltern und mit einer Pipette in die Sandra reintransponieren.

Statt also jetzt freitags immer an den Bulli fuhr Björn in diese Klinik, war ihm sogar recht, weil, das bezahlte die Krankenkasse und war auch sauberer. Alle waren sehr nett da und auf 'ne Art sogar ganz attraktiv, zum Beispiel Frau Koloczik, die nachher immer sauber machte in den Kabinen. Nach dem vierten Besuch hatte Björn Frau Koloczik eine Schachtel Trauben in Nuss mitgebracht, die mochte er selbst am liebsten, und zwei Wochen später hatten sich beide in einem Stehimbiss das Du angeboten. Das ging ein paar Wochen ganz gut. Der Besamungsarzt schüttelte immer noch den Kopf, wenn er auf Björns Eiweiß-Informationen guckte, und er musste weiterhin in die Klinik kommen, vielleicht wollte der Doktor aber auch nur mehr Geld rausholen aus der Nummer. Björn und Frau Koloczik kamen sich über die Wochen immer näher, und man weiß ja, wie so was ist, wenn's richtig knistert, dann muss auch irgendwann der Vollzug kommen, sonst ist es ja auch wieder nix. Das Problem war bloß, nach den Terminen in der Reproduktionsklinik war Björn alles andere als nach Sex zumute, bei ihm war «Flasche leer». Aber sonst konnte er sich nun mal nicht von Sandra wegstehlen, um sich mit Frau Koloczik zu treffen.

Da hatte die eine Idee. Björn sollte so tun, als ob er sich die Erbinfo rausschüttelt, und sie würde einfach das Zeug

134

von einem anderen aus dem Kühlschrank nehmen und Björns Namen draufkleben. So war's, und die beiden haben danach gevögelt wie die Stockenten, und der Klinikarzt war ganz überrascht über die Spermienqualität, kein Wunder, war ja auch nicht von Björn. Sandra hat die volle Ladung abgekriegt. Nach neun Monaten kam eine kleine Jil-Harmony zur Welt, und sie hat sofort die Scheidung eingereicht. Björn lebt heute mit Frau Koloczik in der Nähe von Herne in einer hübschen Souterrain-Wohnung, und Philcollins kümmert sich um Jil-Harmony, als wäre es sein eigner Welpe. Sie konnte sogar eher bellen als Mama sagen, das fand Sandra total süß.

Was soll ich noch sagen? Ich meine, eine Ehe muss nicht unbedingt halten, damit sie glücklich wird, manchmal ist auch das Scheitern ein Hauptgewinn.

IN DER BÄCKEREI

Rebecca und Hans-Georg

(Hans-Georg steht mit anderen Kunden vor dem Tresen und wartet darauf, bedient zu werden. Rebecca kommt hinzu.)

(Sie, laut durch die Menge:) «Ich hab den Namen vergessen!»

«Welchen Namen?»

«Jetzt tu bitte nicht so, Hans-Georg, welchen Namen sollte ich wohl vergessen haben, wenn ich zur Apotheke gehe, hä?»

«Weiß ich doch nicht, bitte sprich jetzt nicht in Rätseln, Liebling.»

(Sie, laut zischend:) «Den von deiner Hämorrhoidensalbe, die ich dir mitbringen soll, wie heißt das Zeug?»

«Weiß ich nicht, du bringst mir die doch immer mit.»

(Sie zu den anderen Wartenden:) «Kennt jemand von Ihnen diese eine Salbe, die machen immer Werbung in den Fernsehzeitschriften, wie heißt die denn, da ist immer so ein Stück Stacheldraht abgebildet. Die hilft zwar nicht ...»

«Woher willst du das denn wissen? Ah, deshalb reicht die Tube nur noch zwei Wochen. Aha!»

«Nun mach aber bitte mal 'nen Punkt, du willst doch nicht etwa behaupten, ich würde dir deine Hämorrhoidensalbe klauen.»

«Wer denn sonst?»

«Was ist mit Jennifer, dieses angebliche Seminar letzte

Woche in dem Hotel. Hat sie sich da vielleicht an deiner Salbentube bedient?»

(Er geht auf sie zu und mit ihr aus dem Laden, sagt währenddessen:) «Jennifer studiert Kunstgeschichte, ich bitte dich.»

«Ist sich wohl zu fein für Hämorrhoiden, so ein akademisches Popöchen.»

(Er, beim Verlassen zu den Wartenden:) «Ich hab übrigens gar keine Hämorrhoiden, meine Frau kauft die Salbe für sich selbst, will sich das aber nicht eingestehen.»

ENDLICH RICHTIG LEBEN

Dagmar und Gernot

Dagmar hat schon ein halbes Leben hinter sich, bevor sie Gernot kennenlernt. Die Dagmar war mit dem Micha verheiratet in Paderborn. Damals war Paderborn für beide okay. Sie haben sich dort an der Gesamthochschule kennengelernt und sind irgendwie in der Unistadt hängen geblieben. Der Micha hat Bio studiert und war total happy, dass er einen Job an einer «ökologischen Vogelzählstation» bekommen hat, so musste er sich nicht «bei was Kommerziellem» verbiegen. Für die Dagmar war es Jura, sie hat mit magna cum laude promoviert und sofort einen Job bekommen bei Puttfarken, Puttfarken & Partner, damals DIE angesagte Kanzlei in Paderborn.

Weil man das so machte und die Bauplätze zu der Zeit noch günstig waren, erwarben die Daggi und der Micha eine Baulücke im Komponistenviertel, Bachstelzenstraße 4a. Geheiratet wurde auf der Wewelsburg im SS-Obergruppenführersaal, das wussten die beiden allerdings nicht, denn vermarktet wurde die ehemalige SS-Versammlungsstätte als historisches Renaissanceschloss. Vielleicht lag hierin schon der Keim für das Scheitern ihrer Ehe. Doch zuvor kamen noch Annalena und Luca zur Welt, zwei später nur leicht verstörte Waldorf-Gören, die, auch wenn sie sonst wenig zustande brachten, immerhin die marode Ehe ihrer Eltern zusammenkitteten. Jahre später sollte Luca in einer Aktivisten-WG stranden und den Kontakt zu seinen Erzeugern nur halten, um turnusmäßig Geld zu schnorren. Annalena ist nach einem Auslandsaufenthalt in den USA geblieben und hat dort einen Frittenfürsten geheiratet, sie ist todglücklich und schickt zu Weihnachten grellbunte Pop-up-Karten. Als beide Kinder ausgezogen sind, bricht das Micha-Daggi-Kartenhaus zusammen. Micha zeigt sich jetzt ungeniert als der humorlose Ökozausel, der er immer schon war, und neidet seiner Frau ihren Erfolg. Dagmar ist nie Partner geworden bei Puttfarken & Puttfarken, die fetten Fälle blieben in der Familie. Sie verdient zwar sehr gut, ist aber im Beruf frustriert, der nölige Schrat zu Hause auf dem Rolf-Benz-Sofa macht die Sache nicht leichter für sie.

Eines Tages im späten Oktober entdeckt sie eine Stellenanzeige in der *Brigitte am Sonntag*: «Berliner Frauenkanzlei sucht Juristin für Frauenrechte. Frauen werden bei gleicher Qualifikation bevorzugt.» Ehe sie sich noch mit Mails und Bewerbung abgibt, greift sie zum Smartphone. Drei Minuten Recherche, und sie hat herausbekommen, was und wo diese Frauenkanzlei ist und wie sie heißt, «Frauenkanzlei», wer hätte das gedacht. «Wann können Sie anfangen?», ist der zweite Satz im Telefonat, und noch ehe der Micha am nächsten Morgen seinen Amselfelder-Rausch ausgeschlafen hat, sitzt Dagmar im Zug nach Berlin. Ab jetzt heißt es für sie LEBEN und nicht mehr bloß vegetieren in Paderborn. Ihr neues Leben heißt BERLIN!

Sie braucht kein ganzes Jahr, um sich einzurichten. Schon nach sechs Wochen hat sie auf der Vernissage einer brasilianischen Körperöffnungskünstlerin Gernot kennengelernt. Gernot ist auch total kunstinteressiert, und beide sehen im anderen sofort den jahrzehntelang vermissten Zwilling. Vierzehn Tage später hat Dagmar ihr Zimmer in der WG der Justizfrauen gekündigt und ist zu Gernot in die Altbauwohnung auf seinen Kiez gezogen. Für den ersten Sex wollen sie sich noch aufsparen und erst mal nur die gemeinsame Energie erleben.

Dagmar genießt jede Minute in der für sie bisher so fremden Welt. Das hier ist nicht der Bachstelzenweg im Paderborner Komponistenviertel, das ist BERLIN. Hier fährt man mit Lastenrädern herum, gönnt sich zwischendurch eine Dinkelschrippe aus der «Brotmacherei», und abends hocken Dagmar und Gernot mit Freunden aus dem Kiez beim Falafel-Spengler und diskutieren über Umverteilung und Teilhabe. Es existiert eben doch, das richtige Leben im falschen, da irrte der alte weiße Mann Adorno. Auf dem Wochenmarkt gibt es Quinoa, Chia und Gojibeeren und nicht wässrige Treibhaus-Tomaten wie in Paderborn. Der Kellner ist eine Transfrau und hat überhaupt nichts gegen Cis-Binäre. Im Kiez sind alle tierisch tolerant, ganz egal ob Graffitikünstler, Klimaaktivist, Genderbeauftragter, Ökoblogger oder bloß Follower von irgendwem oder -was. Einige machen sogar Urban Gardening an vertikalen Rhabarberwänden und halten Hühner auf dem Balkon. Ach, wie sehr Dagmar doch ihr Leben mit dem Micha gar nicht vermisst. Gernot ist einfach ein ganz anderer Mensch, sie kann es kaum glauben, dass er und der Micha einen gemeinsamen Vorfahren im Pleistozän hatten. Alle hier im Kiez kommen gut miteinander aus und sind total für die sofortige Dekarbonisierung und das Ende aller Verbrenner. Dagmar nennt das, was sie jetzt tut, ENDLICH RICHTIG LEBEN.

Einmal im Monat fahren sie und Gernot ins Elsass zu Jean-Jacques, ihrem Käsehändler. Sein Fromage de Chèvre de la Putain zu einem eiskalten Sancerre mit frischem Pain de Pays genossen ist ein Traum. «Jean-Jacques hat einen dermaßen knuffig kleinen Laden, dass Gernot jedes Mal an der Abzweigung vorbeifährt», gluckst Dagmar, wenn sie ihren Freunden von ihrer monatlichen Tour de Fromage berichtet. Manchmal laden sie danach Freunde von Gernot zu einer Käse-Degustation ein, zumeist solche, die sich auch für ein Leben im öffentlichen Dienst entschieden haben. Jetzt, da Gernot doch noch Regierungsrat geworden ist, haben sich die beiden ein Elektroauto gegönnt, damit sie die tausend Kilometer hin und zurück zu Jean-Jacques nachhaltig zurücklegen können. Gernot und Dagmar arbeiten hart an ihrem ökologischen Fußabdruck. Wenn sie im Winter zum Tauchen ans Rote Meer fliegen, vergleichen sie vorher den Kerosinverbrauch der Fluglinien.

Gernot hat neuerdings eine leichte Arthrose, deshalb kann er das Müsli nicht mehr mit der Hand mahlen. Nach langem Überlegen haben sie sich bewusst gegen eine elektrische Mühle entschieden und lassen sich das Müsli frisch gemahlen jeden Morgen um Viertel nach sieben von Flitzerando an die Haustür bringen. Obwohl sie keinen Atomstrom verwenden, versuchen Dagmar und Gernot doch, bewusst mit Energie umzugehen. Ihren Kühlschrank haben sie abgeschafft. Gernot huscht lieber zweimal am Tag eben schnell aus dem Institut zum Mutter-Erde-Laden und bringt die frischen Sachen gleich nach Haus. Für die kurze Strecke nimmt er sein Rad ... mit in den Bus. Er will damit ein Zeichen setzen gegen die autoverseuchte Stadt. Abends um halb vier, wenn beide aus ihrem anstrengenden Job kommen, gönnen sich Dagmar und Gernot manchmal einen Hähnchen-Döner am Bahnhof und kotzen ihn zu Hause vor Selbstekel blau angelaufen in den Spartastenflachspüler. Dagmar und Gernot werden im nächsten Jahr beide sechzig und wollen sich dann in eine Passivhaus-Anlage für betreutes Wohnen einkaufen. Laut statistischer Lebenserwartung und ihrem physischen Erhaltungszustand müssen sie sich dort noch gut zwanzig Jahre aushalten!

WO GEHT'S NACH OBEN?

Rebecca und Hans-Georg

(Hans-Georg und Rebecca warten vor dem Lift.)

«Besser Treppe, ich krieg Platzangst in den Dingern.»

«Platzangst ist Angst vor großen Plätzen. Was du meinst, ist Klaustrophobie.»

«Aha, Frollein Schweinchen Schlau weiß wieder alles besser.»

«Geh doch zu Fuß, wenn dein Herz das noch mitmacht.»

«Mein Herz schlägt noch astrein.»

«Sicher! Und wer ist letzte Woche vom Heimtrainer gekippt? In deinem Alter sollte man jede unnötige Bewegung vermeiden.»

«Wenn du damit den ehelichen Verkehr meinst? Da fällt mir der Verzicht leicht.»

«Ich, mein Lieber, schlafe schon viel länger nicht mehr mit dir als du nicht mit mir.»

«Weiberlogik! Da merkt man die ersten Aussetzer des Klimakteriums.»

«Ich bin nicht im Klimakterium, damit das klar ist.»

«Und warum rasierst du dich bitte schön jeden zweiten Tag, SCHATZ?»

«Wolltest du nicht zu Fuß die acht Treppen gehen?»

«Jetzt nicht mehr, den Gefallen tu ich dir nicht.»

«Das ist doch mir ganz egal, ob du auf halber Treppe zusammenbrichst.»

«Ebent! Schön die Witwenpension allein verzehren, das könnte dir so passen.»

«Witwenpensionen – das liegt in der Natur der Sache – werden immer allein verzehrt, Herr Studienrat.»

«Ach, lass mich doch in Frieden mit deiner Besserwisserei.»

«Ganz meinerseits.»

(Der Fahrstuhl kommt. Beide betreten die Kabine.)

«Stell dich gefälligst nicht so dicht an mich dran.»

«Früher hast du das gemocht.»

«Da hast du auch noch nicht pausenlos diese billige Wurst gefressen.»

«Das ist extrafeine Mortadella.»

«Zerkochte Schlachtabfälle! Du stinkst erbärmlich, geh jetzt endlich weg von mir.»

«Wie wär's denn, wenn Madame mal auf einen der Knöpfe drücken würden, damit sich der Lift in Bewegung setzt?»

«Warum hast du das nicht schon längst getan, statt hier den Stinkewurstatem in der Kabine zu verteilen. Aber bitte!»

(Sie drückt viertes Stockwerk.)

«Klostermanns wohnen im dritten Stock.»

(Er drückt drittes Stockwerk.)

«Bist du jetzt bescheuert? Klostermanns wohnen seit fünfzehn Jahren hier im vierten Stock.»

«Wer ist denn mit Klostermanns befreundet, du oder ich, LIEBLING?»

«Bloß weil du mit Ralf-Rüdiger dreimal die Woche in ‹Babsis Zündkerze› versackst, wohnen die noch lange nicht eine Etage tiefer.»

(Er drückt zweites Stockwerk.)

144

«Und was sollte das jetzt bitte schön?»

«Ich will hier raus, nur noch raus hier.»

«Und wohin gehst du? Wieder Schlachtabfälle fressen? Und was soll ich jetzt bitte schön Klostermanns sagen?»

(Lift hat gestoppt. Im Rausgehen:) «Sag ihnen meinetwegen, was du willst. Mit dir bin ich fertig.»

«Wenn du am Supermarkt vorbeikommst, bring einen Kopf Salat mit für heute Abend.»

«Normaler Salat oder Rucola?»

DIE KIRSCHEN IN NACHBARS GARTEN
Siegfried und Hannelore

Völlig unterschätzt als Garant lange währender Paarbindung ist die Ausweglosigkeit. Ist der Partner gefunden – egal, wie alternativlos auch für jenen die Wahl des Gefährten ist – desto fester steht das Fundament einer Ehe. Ein Kind zur rechten Zeit, das man sich nicht zur Adoption freizugeben traut, und schon schmiedet sich wie von selbst eine Fessel ums Handgelenk. Ist das erste geschlüpft, kommt's auch schon nicht mehr drauf an, und Nummer zwei findet den Weg ans Licht der Welt. Nun will es die Sitte von alters her, dass der Aufzuchtgemeinschaft eine angemessene Heimstatt zur Verfügung steht. In früheren, finanzierbaren Zeiten war das ein Eigenheim im Neubaugebiet. Doch auch schon damals konnte das kaum jemand aus dem Bausparvertrag heraus begleichen: Oma, Opa und Schwiegereltern wurden abgemolken, dennoch blieb eine Lücke von ein paar Hunderttausend Märkern, die über drei, vier Jahrzehnte geschlossen werden wollte – und damit schnappte humorlos die zweite Fessel zu ums andere Handgelenk, denn das Paar ist jetzt gemeinsam im Grundbuch als Schuldner eingetragen. Zwei Bälger, ein Baudarlehen, jede Menge Schwarzarbeit am Wochenende – da bleibt wenig Zeit, sich über eine Alternative zum real existierenden Großsäuger an seiner Seite Gedanken zu machen. Die frühen Jahre der Ehe rasen in emsiger Ohnmacht dahin, und erst, als die Fortpflanzen zu schwärmen beginnen, gerät die Beziehung in ruhigeres Fahrwasser. Und hier stehen sie nun, unsere beiden Helden.

Siegfried und Hannelore Finkemeyer, beide Anfang vierzig, bewohnen einen hellgrau ausgefugten Klinkerbau im Buchfinkenweg, genauer gesagt die Nummer 9a direkt am Wendehammer. Nummer 9 sind Hannelores Eltern, denen das rückwärtige Baugrundstück zu verdanken ist; dort, wo früher Hannemama die Unterhosen ihres Gatten trocknete und Gemüse fürs Einmachglas kultivierte. Eine bescheidene Idylle, in der sich zufrieden leben lässt. Doch wenn es dem Esel zu wohl wird, geht er aufs Eis. Des Mannes Rüssel züngelt bisweilen über den Zaun zur Nachbarin, und so nimmt denn das Elend seinen Lauf.

Seit einigen Wochen hatte sich das nachbarschaftliche Verhältnis auf wunderbare Weise gewandelt. Schuld war der «Zwitscherkasten» unter des Nachbarn Apfelbaum. Die Nachbarn, das waren die Brüggemanns, und Rudi Brüggemann hatte den Kasten einst bei einem Arbeitskollegen gesehen und war sofort begeistert von der Idee: Von außen sieht er aus wie ein harmloser, etwas zu groß geratener Nistkasten, doch oho, innen drin lauert eine veritable Pulle harter Stoff mit vier Schnapsgläsern. Noch lange müssen die Finkemeyers und auch Rudi und Gisela Brüggemann schmunzeln über die lustige Idee, wenn sie sich unterm Kasten «einen zwitschern». «Wer kommt nur auf so was», schütteln sie dann ungläubig ihre Köpfe, als handelte es sich um die Heisenbergsche Unschärferelation.

Abwechselnd im Wochenrhythmus sind die Finkis oder die Brüggis dafür zuständig, den vermeintlichen Nistkasten aufzufüllen. So ist eine Hälfte immer überrascht, womit man sich diesmal «einen zwitschern» darf. Hatte man sich auch früher schon gelegentlich außerhalb der Geburtstagspartys und den gemeinsamen Grillabenden auf eine Flasche Bier übern Maschendrahtzaun getroffen, so ist durch den Zwitscherkasten noch mal eine ganz andere Dynamik in das nachbarschaftliche Verhältnis eingekehrt. Bis zu viermal die Woche trifft man sich unterm ZK, und die ungeschriebene Regel will es, keinen Rest in der Flasche zurückzulassen. Finkis und Brüggis sind häufig genug voll wie die Strandhaubitzen, doch was solls, man lebt nur einmal, und in beiden Familien sind die Kinder aus dem Haus, man muss also kein Vorbild mehr sein für die nachwachsende Generation.

Die Häufigkeit der Zusammenkünfte hat leider ebenfalls zur Folge, dass sich die üblichen Themen sehr bald erschöpften: Rudis Heldentaten als Staplerfahrer in der Gummifabrik hatten bald alle schon das x-te Mal gehört, und auch Siegfrieds Passionsgeschichten eines Handelsreisenden im Angesicht der Radarfalle liefen auf die immer gleiche Pointe hinaus: «... und was soll ich sagen, Hannelore hat meine Punkte übernommen, wir sehen uns auf den Blitzerfotos ja auch verdammt ähnlich.» In der Tat, Hannelore ist ein eher maskuliner Typ, einen halben Kopf größer als Siegfried, und hatte durch rohe Gewalt schon bei jeder Schiebkarre, jedem Spaten und jeder Schaufel des Finkemeyer'schen Bestands den Griff abgebrochen. Das genaue Gegenteil davon ist Brüggemanns Gisela, und wohl schon alle in der Siedlung haben sich gefragt, wie der grobschlächtige Staplerfahrer an dieses zarte Wesen gelangt war. Wie nicht selten auf dem Lande war es der unachtsam in die Röhre geschobene Braten nach einer feuchtfröhlichen Siedlungsfeier gewesen, der nach einem juristisch einwandfreien Bündnis verlangte. Nun denn, das Leben ist kein Wunschkonzert, und der Rudi ist auf seine Art ein ganz anständiger Kerl, bringt genug Geld nach Haus, und zweimal im Jahr führt er seine Gisela aus zum Griechen. Dennoch, in Gisela rumort es innerlich, und immer häufiger hat sie «einen Moralischen», wie Rudi das nennt. Seitdem Benny und Sabrina aus dem Haus sind, ist Gisela immer stiller geworden, und manchmal starrt sie stundenlang und Seite für Seite in ein Buch. Rudi ist ratlos, hatte schon einen gebrauchten Wohnwagen gekauft und gehofft, dass der ihrer Ehe wieder etwas Schwung verleihen würde, er steht jedoch seit Monaten unbeachtet hinter der Garage. Dann aber entdeckte Rudi bei einem Kollegen den Zwitscherkasten. Sofort hat er geahnt, dass dort die Lösung seiner Eheprobleme hängt. Den muss man doch einfach mögen, und bei jedem, dem er davon erzählte, zauberte er ein Lächeln ins Gesicht. Zwei Wochen und drei Besuche im Baumarkt später hat Rudi seinen eigenen Zwitscherkasten fertig gebaut, eine Flasche Braunen nebst vier Gläsern hineingestellt und Gisela sowie die Nachbarn untern Apfelbaum versammelt.

Da hängt er nun, und als die drei noch denken, warum sollen wir hier Rudis Nistkasten bestaunen, öffnet er die Klappe, und schwuppdiwupp: Eine Pulle nebst Gläsern kommen zum Vorschein. Da ist das Staunen groß, und als Rudi erst den Namen der Kreation verrät, schallt das laute

Lachen durch die ganze Siedlung. Jener Abend war einer, dem viele, viele andere folgen sollten.

Und auch am jetzigen lauen Sommerabend treffen sich die vier wie so oft unterm ZK. Diesmal steht eine Flasche Scharlachberg zur Vernichtung bereit. Doch heute will so recht keine Stimmung aufkommen. Liegt es an dem Rachenputzer aus Wein, gebrannt von Meisterhand, nach dessen Verköstigung die Frauen sich jedes Mal schütteln wie von einer Bremse gebissen? Oder sind ihnen einfach die Themen ausgegangen? Was tun, die Pulle ist erst zur Hälfte geleert, und Abbruch ist keine Option.

Da kommt plötzlich aus Siegfrieds Mund ein Satz, bei dem er sich selbst erschrickt, als er ihn hört.

«Wie wärs mal mit Partnertausch, so jung wie heute kommen wir nie wieder zusammen.»

Gisela lächelt verlegen, doch Rudi und Hannelore gucken sich angewidert an, als stünde ihnen eine große Hafenrundfahrt beim Proktologen bevor.

«War auch nur so 'ne Idee», versucht Siegfried zurück in sicheres Fahrwasser zu gelangen, doch die Katze ist aus dem Sack.

«Und wer mit wem», grunzt der Bariton von Hannelore.

«Also nicht ich mit Rudi, Schatz, hahaha.»

«Sehr witzig. Das hättest du wohl gerne, du eingeheirateter Gockel. Meinst du, ich wüsste nicht, wie scharf du auf das unterernährte Huhn von nebenan bist? Holst du dir eigentlich immer einen runter, wenn du den Rasenschnitt zum Kompost bringst und minutenlang über den Zaun starrst?»

«Siegfried, sag bitte deiner fetten Frau, wenn sie noch einmal meine Gisela ein unterernährtes Huhn nennt, dann hau ich ihr einen auf die Fresse.»

«Aber Rudi, bitte, bitte zurück auf Los, vergesst einfach, was ich gesagt habe, lasst uns doch nicht unsere schönen Treffen unterm Zwitscherkasten kaputt machen, bleiben wir doch bei dem, was wir haben.»

«Soll das heißen, du säufst jetzt lieber den Rest aus der Scharlachberg-Pulle aus, als es mit meiner Gisela zu treiben?»

«Nein, natürlich nicht.»

«Aha, komm du mir nach Hause, Freundchen, dann kannst du aber was erleben, du Arsch mit Ohren.»

«Hannelore-Liebling, lass uns doch bitte wie Erwachsene zu Hause bei einem Glas Wein darüber reden.»

«Hiergeblieben, Siegfried. Los, sauf jetzt sofort die Pulle Scharlachberg aus, du geiler Bock, die du ja anscheinend ohnehin meiner Gisela vorziehst.»

«Aber Rudi, so meinte ich das doch nicht, ich ...»

«ALLE HALTEN JETZT MAL DEN MUND!»

«Giesela?»

Erstaunt blicken die anderen zu ihr hinüber.

«Siegfried und ich treiben es schon seit Monaten wie die Bachstelzen, seit der Zwitscherkasten hier hängt. Immer wenn ihr beiden sternhagelvoll seid, schleichen wir uns zum Wohnwagen hinter der Garage. Das Einzige, was Siegfried wollte, als er den Vorschlag mit dem Partnertausch machte, war: Er wollte euch beiden verklemmten Riesenbabys auch eine Chance geben. Komm, Siegfried, wir verziehen uns in den Bumsanhänger und vögeln uns den Scharlachberg aus der Birne. Sollen die beiden Ölgötzen doch selber sehen, wie sie was zustande bringen.»

Nachdem Gisela und Siegfried verschwunden sind, stehen Rudi und Hannelore noch minutenlang wie versteinert unterm Zwitscherkasten. Dies ist der erste Abend, an dem die Flasche nicht bis auf den Grund geleert wird.

Zwei Monaten später, es ist mittlerweile Hochsommer, haben sich die Wogen wieder geglättet. Alle tun so, als hätte es diesen Abend nie gegeben. Rudi und Hannelore haben nichts miteinander angefangen, Siegfried und Gisela waren sich nach sechs Wochen leid, und so sind alle wieder unter die Obhut ihres jeweiligen Baudarlehens geschlüpft.

Im Zwitscherkasten brütet jetzt ein frisch verliebtes Drosselpaar, und vor den Maschendrahtzaun hat Siegfried von seiner Seite eine Thujahecke gepflanzt und Rudi von der seinen sechs Reihen Stacheldraht gezogen.

Denn völlig unterschätzt als Garant lange währender Paarbindung ist die Ausweglosigkeit.

DIE URLAUBSREISE

Rebecca und Hans-Georg

(Hans-Georg trägt gehobenen Freizeitlook von Peek & Cloppenburg – sommerliches blau-weiß gestreiftes Sakko, Sommerhose mit Bügelfalte, weißes Kurzarm-Hemd, College-Slipper, dazu eine teure Sonnenbrille.

Rebecca ist in einen Rock und eine Bluse ähnlicher Ausprägung gekleidet, dazu Pumps, eine Riesen-Sonnenbrille ins Haar gesteckt. Beide ziehen ein Samsonite-Kofferset im Partnerlook hinter sich her, teuer aussehend. Rollenkoffer, Golf-Bag, Kosmetik-Köfferchen etc. Helly-Hansen-Jacken im Partnerlook sind über die Koffer drappiert.)

«Hans-Georg, gibst du mir bitte mein Ticket?»

«Ich kann doch beide gleich zusammen vorzeigen.»

«Damit ich vor dem Mädel dort wie die letzte unmündige Idiotin dastehe. Vielen Dank!»

(Er gibt ihr beide:) «Hier, dann nimm du doch beide.»

«Sag mal, bin ich deine Leibeigene oder was?»

«Rebecca, bitte nicht schon wieder.»

«Wer hat denn angefangen, doch wohl der Herr Superschlauberger, der alles besser weiß.»

«Ach ja, und wer hat denn das ganze Kollegium – meine Kollegen – durchgebumst?»

«DU wärst zu so was ja nicht mehr in der Lage, du Schlappsack.»

«Schwanz! Schlappschwanz heißt das.»

«Das weißt du! Das glaub ich, dass du dafür den richtigen Begriff kennst, da kennt sich der feine Herr aus in der Welt der Impotenz, hahaha.»

«Halt endlich dein Maul. Du kannst übrigens alleine nach Mykonos fliegen, ich bleibe hier.»

«So, mir reicht's jetzt. Ich habe nämlich keine Lust, mit dir altem Miststück auch nur eine Sekunde länger zusammen zu sein.»

«Na, das sieht dir ja wieder mal ähnlich: Ob ich den Urlaub dringend nötig habe, das interessiert dich ja nicht.»

«Flieg doch, ich hindere dich nicht daran, im Gegenteil: Ich werde die zwei Wochen ohne dich genießen, ja GENIESSEN!!!»

«Mit der billigen Nutte aus dem Coffeeshop, in dem du immer rumhängst, das könnte dir so passen, mein Freund.»

«Jennifer studiert Kunstgeschichte!»

«Auf jeden Fall werde ich dich keinen Moment mit dieser billigen Thekenschlampe hier in der Stadt alleine lassen.»

«Na, dann lass uns doch einen flotten Dreier machen, haha.»

«Du bist nicht nur ein Dreckskerl, sondern auch noch ein perverses Schwein.»

«Das hättest du wohl gerne, notgeile alte Schabracke!»

«Bei dir läuft doch gar nichts mehr, du scheintoter Ochse.»

«Dann ist ja alles gesagt, und wir können wieder nach Hause gehen.»

«Das hättest du wohl gerne, nichts da, jetzt fliegen wir erst recht, ich lass mir doch von dir nicht den Urlaub verderben.»

MÄRCHEN
UND
TRÄUMEREIEN

DIE BIBEL IN FÜNFZEHN MINUTEN

DAS ALTE TESTAMENT

Am Anfang war das Wort. Das heißt, es gab kein Bild. Schöner Mist. Kann man von Glück sagen, dass es jedenfalls Gott gegeben hat, denn der hatte den Plan von dem ganzen Murks und hat in sechs Tagen das System wieder hochgefahren. Die Betriebssoftware für die Welt nennt sich Schöpfung und ist genauso anfällig wie MS-DOS, irgendwo stürzt immer was ab. Genau wie Bill Gates weigert sich Gott aber, grundsätzliche Verbesserungen an dem zusammengeschusterten Programm vorzunehmen. Damit müssen sich jetzt die Anwender rumschlagen. Die entstanden am sechsten Tag der Schöpfung und nannten sich Menschen, erst mal nur einer, und der hieß Adam. Weil sich Onanie als Fortpflanzungsform aber nicht bewährt hat, gabs ruckzuck noch eine Eva dazu. Die beiden lebten im Garten Eden – waren also obdachlos und hatten keine Arbeit. Aus Langeweile pflückte Eva einen Apfel vom Baum und gab ihn Adam. Das war aber nicht irgendein Baum, der da rumstand, sondern der Baum der Erkenntnis. Da riss bei ihm die Wolkendecke auf, und er glaubte, mit dieser überlegenen Software kriegt er die Schöpfung alleine in den Griff. Später nannte man das dann den Sündenfall. Gott war natürlich stinksauer und schmiss die beiden aus dem Paradies. Damals ging das noch, heutzutage hätte Adam einfach seine Fehlbelegungsabgabe gezahlt, und wir lebten alle noch im Garten Eden. Und nach dem neuen Mieterschutzgesetz wäre Gott die beiden schon gar nicht losgeworden. Jedenfalls fing mit der Vertreibung aus dem Paradies das ganze Elend auf der Welt an. Adam versuchte, die undurchsichtige Welt nach seinem Willen zu gestalten. Das klappte natürlich nicht, es kam immer wieder zu Totalabstürzen: Kriege, Epidemien, Hunger, Armut, die ganze Palette.

Aber der Reihe nach:

Adam und Eva hatten zwei Kinder und begründeten damit die moderne Kleinfamilie, genauer gesagt, es waren zwei Söhne, und der eine schlug den andern tot. Das war jetzt schon Nummer zwei im Vorstrafenregister der Menschheit: erst Äpfel klauen im Paradies, das lief noch unter Mundraub; nun aber Mitbewerber totschlagen, das war einer zu viel. Und Gott beschloss, bei seiner Schöpfung auf Neustart zu drücken, und sandte die Sintflut. Weil er aber keinen Bock hatte, den ganzen Kram neu zu installieren, ließ er Noah am Leben und von jedem Viehzeug und jeder Pflanze zwei Stück, dass die sich selber wieder regenerieren konnten. Logischerweise war Gott kein Anhänger Darwins und der Evolutionstheorie, sonst hätte er gemerkt, dass die ganze Sintflut nix bringt, weil das verkorkste genetische Material ja weiterlebt. Kurz gesagt, nachdem sich alle nach der alttestamentarischen Dusche wieder aufgerappelt hatten, gings genauso weiter wie vorher.

Bis sich Gott entschloss, ein drittes Mal in die Software einzugreifen. Er erfand den Monotheismus mit sich selbst als Hauptdarsteller, und Vadder Abraham musste das neue Betriebssystem unter seine Schlümpfen verbreiten. Damit war das Prinzip des Patriarchats erfunden: Was Papa sagt, ist Gesetz, und es wird gefälligst gehorcht. Um zu gucken, ob Abraham das auch wirklich begriffen hatte, verlangte er von ihm, seinen Sohn Isaak zu opfern. Und was soll ich sagen, Abraham hätte das tatsächlich gemacht. Heutzutage würde einem da das Jugendamt auf die Bude rücken.

Das war aber auch selbst dem zornigen Gott des Alten Testaments zu viel, und er vertauscht Isaak im letzten Augenblick mit einem Schaf. Was für ein Glück, denn Isaak zeugt danach Joseph, einen Schweinepriester, wie er im Buche steht. Unter dessen Geschwistern gibts auch nur Scherereien, was damit endet, dass Joseph als Sklave nach Ägypten verhökert wird. Da machte er ziemlich Karriere und holt seine Verwandten über die Nachzugsklausel hinterher. Irgendwann kriegt der Pharao dann 'nen Rappel und lässt alle Kinder der Israeliten umbringen. Nur ein Findelkind namens Moses überlebt unerkannt und erhält von Gott als Erwachsener einen Geheimauftrag: Auszug aus Ägypten nach Kanaan, ins Land, wo Milch und Honig fließen. Mehr musste man damals nicht bieten, damit sich ein ganzes Volk auf einen jahrelangen Fußmarsch aufmachte. Der Pharao wollte seine Gastarbeiter jedoch nicht ausreisen lassen. Da Gott aber mittlerweile einen Narren gefressen hatte an dem komischen kleinen Volk, würgte er den Ägyptern dafür sieben Plagen rein: Heuschrecken, Dürre, Ökosteuer, Solidaritätszuschlag usw. Derart geschwächt, stimmte der Pharao einem Auszug der Israeliten aus seinem Lande zu. Geleitet wurde der ganze Treck von Moses, und das Ziel des Ausflugs war, wie gesagt, Kanaan und Umgebung, das ab jetzt «Gelobtes Land» hieß. Doch an der Gegend haben die Jungs bis heute keinen Spaß gehabt. Erst wurden sie von den Babyloniern verschleppt, dann von den Römern vertrieben, und heute müssen sie sich mit der Hisbollah rumschlagen. Also mal ehrlich, wenn das das Gelobte Land ist, dann möchte ich nicht wissen, wie das verteufelte Land aussieht. Zu der Zeit, als die Israeliten da hingelatscht sind, wäre ja sogar die ehemalige DDR noch zu haben gewesen. Aber gut, zu Fuß aus Ägypten wäre das vielleicht doch zu weit. Jedenfalls hatte Moses keinen Autoatlas dabei, sonst wär er nicht mitten durch das Rote Meer durch, sondern oben rum, ging damals ja, weil es den Suez-Kanal ja noch gar nicht gab. So musste Gott extra für die Wandergruppe das Rote Meer teilen, damit die da trocken rüberkamen. Was für ein Aufwand, und Gott war wieder einmal bedient von seinen Leuten. Ich glaub, dachte er sich, ich muss den Brüdern mal wieder zeigen, wo der Hammer hängt. Und er zitiert Moses zu sich auf den Berg Sinai.

Gott zeigt ihm da die zehn Gebote, damit die Anwender der Schöpfung sich besser orientieren können und wissen, wo's langgeht. Das muss man sich wie sone Art SMS vorstellen: kurz und knapp. Genau wie heute auf dem Handy konnte man damals auf Steinplatten auch nicht groß ins Labern kommen. Noch nicht wissen konnte Gott natürlich, was Marshall McLuhan Jahrtausende später rauskriegte: Das Medium ist die Botschaft. Was sich also über die zehn Gebote durchsetzte, war nicht der Inhalt – sondern das Dezimalsystem. Gut, immerhin etwas. Nun saßen die Israelis jedenfalls in Palästina rum und hatten gegenüber ihren Nachbarvölkern zwei entscheidende Vorteile. Erstens hatten sie den Monotheismus, was wesentlich leichter zu merken war als die Systeme von den andern, und zweitens hatten sie den Sabbat, also einen Tag Urlaub in der Woche. Den hatte Gott seiner von ihm geschaffenen Zeit noch selber eingeführt und sich damit zum Volkshelden aller Gewerkschafter gemacht.

In der Geschichte des Monotheismus gab es immer wieder Figuren, die an Gott gezweifelt haben, angefangen hat es aber umgekehrt: Gott hat an dem Menschen gezweifelt, er konnte sich nie sicher sein, dass die Jungs auch wirklich parieren, und so hat er sich einen Test überlegt. Er erschuf den Satan, der von nun an dem Menschen die volle Dröhnung an Schlechtigkeiten rüberbrachte. Sein erstes Opfer war Hiob. Bei dem wollte Gott wissen, ob der noch weiter für ihn wäre, obwohl Satan ihn mit Krankheit und Tod überhäufte. Hiob hat den Test bestanden, aber von da an ging allen die Muffe, dass Gott sich noch häufiger solche Scherze einfallen ließe. Das war nicht gerade das, was man sich unter einem lustigen Leben vorgestellt hatte, dauernd Angst vor Prüfungen zu haben.

Die Israelis wurden regelrecht nervös, saßen rum und warteten auf den Messias, so 'ne Art Außendienstmitarbeiter von Gott. Es hieß, wenn der käme, wäre alles wieder so wie früher, ohne den andauernden Prüfungsstress. Als er dann endlich kam, haben sie's aber nicht gerafft, und damit beginnt der zweite Teil der Bibel, das Neue Testament.

Das können wir ganz kurz abhandeln, weil die Story erstens etwas dünn ist und zweitens schlecht ausgeht für den Hauptdarsteller. Wären die vier Apostel mit dem Drehbuch irgendwo aufgelaufen, die wären selbst bei der hessischen Filmförderungsanstalt abgeschmettert worden.

Das ist im Groben das Storyboard: Volkszählung im römischen Protektorat Judäa und Galiläa. Zwei Randexistenzen zuckeln mit dem Esel zum Einwohnermeldeamt nach Bethlehem. Blöderweise ist die Frau guter Hoffnung, und es kommt zur spontanen Hausgeburt in einem landwirtschaftlichen Nebengebäude. Komischerweise ist sofort klar: Der Typ mit dem Esel ist der Gehörnte, und der richtige Vater ist Gott. Und die Mutter ist eine Jungfrau. Das ist so ein schwachsinniger Anfang, dass es fast zweitausend Jahre gedauert hat, bis Sat.1 den Kram verfilmt. Die Story kommt dann auch noch 'n bisschen in die Gänge, als eine Woche später drei angebliche Könige aus dem Morgenland vorbeigucken und Geschenke bringen: Aber nix, mit dem die Obdachlosenfamilie was anfangen könnte: Weihrauch und Myrrhe, ja vielen Dank, davon wird der kleine Jesus auch nicht satt. Und so wächst – wahrscheinlich infolge von Mangelernährung – ein kleiner Spinner heran. Im Alter von zwölf Jahren tritt er das erste Mal richtig auf den Plan: Er verjagt die Dealer aus dem Tempel. Natürlich völliger Blödsinn, das kann einem jeder Kriminalexperte sagen: Dann treffen die sich eben woanders für ihre Dealerei. Jedenfalls gibt das Jesus den richtigen Kick, und er ist mittlerweile fest davon überzeugt, dass er der Sohn Gottes ist. Da es damals noch keine Streetworker und anderen sozialen Einrichtungen gibt, kann er seinen Wahn voll ausleben. Als junger Erwachsener latscht er übers Wasser, doktort an Behinderten rum, und weil Verdi-Chef Bsirske noch nicht geboren ist, gelingt es ihm, fünftausend Leute in Brot zu setzen.

Mit der Zeit wird er so was wie 'ne Lokalberühmtheit, und es finden sich zwölf Jünger, die mit ihm als Truppe durch Palästina ziehen. Das ist damals nix Besonderes: Heilsbringer und angebliche Messiasse touren durch die Lande wie heutzutage die Bofrost-Wagen und Vorwerk-Vertreter. Jesus kommt gut an bei den Leuten, und in der Bergpredigt formuliert er so was wie das Godesberger Programm der Christenheit. Mit der Show hätte er in Rente gehen können, wäre nicht GOTT auf ihn aufmerksam geworden. Ja, und was macht der alte Zebaoth am liebsten? Richtig: Leute umbringen. Und fies, wie er ist, erzählt er Jesus auch noch vorher, dass seine Tage gezählt sind. Dann schickt er ihm den Maulwurf Judas, der ihn an die Besatzer verpetzt, und haste nicht gesehen, wird der Nazarener ans Holz genagelt. Das war's dann: Schluss aus, kein Happy End! Was noch folgt, ist der Director's Cut mit Auferstehung am dritten Tag und Ausschüttung des Heiligen Geistes. Alles sehr nebulös und schwiemelig, weil der Hauptdarsteller ja nicht mehr richtig mitspielt.

Diese Story liegt später als Buch vor, wobei das Wesentliche sogar in der 5.0- bis 5.3-Version viermal drinsteht. Da konnte man auch nix mehr dran ändern, also sagen wir mal, von Leuten überarbeiten lassen, die 'n Händchen für gute Storys haben. Nix: Die Bibel is heilig, basta.

Aus so einer vergeigten Vorlage bastle mal 'ne marktfähige Religion zusammen!

Die Notlösung war: Neben der Leiche muss noch 'ne positive Hauptfigur in den Plot rein. Nämlich der Heilige Geist, der ja auch heute noch jedes Jahr turnusmäßig ausgeschüttet wird, obwohl er auch irgendwie 'ne Taube ist und eigentlich in allem drin, was dem christlichen Glauben folgt, gleichzeitig im Rahmen der Dreieinigkeit auch wieder gesondert neben Gott und seinem Sohn als eine eigenständige Kraft steht. Also, bevor jetzt Nachfragen kommen, mal kurz gesagt: Es blickt keiner mehr durch, und die Geschichte des christlichen Glaubens ist ein ewiges Ringen um den Heiligen Geist, was der eigentlich zu melden hat und was nicht.

Weil die ganze Lehre so unanschaulich ist wie die Quantenphysik, kamen im Laufe der Jahre jede Menge Nebengötter dazu. Zuerst die Dreieinigkeit, wobei da schon keiner weiß, wer der Boss ist, dann die Marienverehrung, und weil das immer noch nicht reichte, gab es zusätzlich jede Menge Heilige, quasi als Staatssekretäre mit eigenen Zuständigkeitsbereichen, die auch mal angepaßt werden können. Der heilige Isidor ist zum Beispiel sogar vom Papst zum Verantwortlichen für das Internet ernannt worden. Im Laufe der Jahrhunderte hat das Christentum wieder zum Polytheismus zurückgefunden, mit dem einzigen Unterschied, dass die Typen in der Regel untereinander nicht verwandt sind.

Die Bibel ist immer noch die Heilige Schrift, und man darf nicht drin rumstreichen. Aber statt sie für immer neue Randgruppen zum Beispiel als «Motorradfahrer-Bibel» zu übersetzen, sollte sich endlich mal ein Team von guten Autoren über das vergeigte Manuskript hermachen und daraus ein lesbares Buch basteln. Das wär mal was!

EIN SOMMERMÄRCHEN

Der Geruch nach frisch gemähtem Gras liegt über dem Tal, und von fern belfert eine Kettensäge durch die Sonnenglast des Nachmittags. Es ist Sommer in Deutschland. Die Natur schüttet ein Pheromon in die Luft, das beim Menschen bis in die unzugänglichsten Höhlen seines Kleinhirns vordringt und dort zu merkwürdigem Verhalten führt. Männer wachen plötzlich aus einem Tagtraum neben ihrem Rasenmäher auf und beobachten sich dabei, wie sie zärtlich über dessen Kruppe streicheln und gedankenverloren an ihrem Hosenschlitz nesteln. Vor dem geistigen Auge brettern sie bereits mit dem Aufsitzmonster übers saftige Grün, zu richten die Lebendigen und die Tulpen. Im Inneren des Reihenhäuschens befühlt die reife Gattin jenseits des zweiten Lebensdrittels den winterlichen Speckreif unterm gnädig kaschierenden Pullover und fragt sich, ob ihre Reize noch reichen werden für diese Saison.

Drunten an der Ecke stellt Luigi die Stühle vors Eiscafé «Da Luigi» und überlegt, ob er in diesem Jahr die Kugel um zwanzig Cent verteuern oder lieber den Portionierer verkleinern soll. Sein spermiger Blick schweift entlang der Reihenhausfassaden und bleibt an Nummer 27 hängen. In dem blitzsauberen Vorgarten steht «Runzelarsche» und befummelt den Fangkorb des Aufsitzmähers, als wäre er die Kruppe seines vollschlanken Eheweibs. «Runzelarsche» ist Luigis Name für diesen Trottel, dessen Frau Brigitte er letztjährig einmal die Woche besprang. Eigentlich ist sie gar nicht sein Typ, zu fett, zu durch, zu überhaupt ..., aber eben ganz in der Nähe seiner Eisdiele. Und wie lautet ein altes kalabrisches Sprichwort: «Die fette Taube auf dem Dach isse besser als mit die Hand.»

Fuhr seine Frau zum Einkaufen, dann schloss Luigi den Laden ab und hängte ein Pappschild in die Tür: «Bitte Geduld. Komme so schnell wie geht.» Auch nach Jahren musste er immer noch über seinen Scherz kichern, besonders wenn er die kleine «numero auf fettes Bridschitte» schob – es war nicht so schlecht, wie es sich anhört. Luigi war mindestens sechzig, kaum größer als ein Cockerspaniel und hatte ein Gesicht wie eine alte Aktentasche, da musste man nehmen, was einem vor die Flinte kam.

Der Geruch des Sommers dringt in die tiefsten Windungen des Hirns ein, und der erotische Autopilot übernimmt kurzfristig den Steuerknüppel. Luigi blickt immer noch rüber zu Hausnummer 27, «Runzelarsche» streichelt noch weiter den fetten Hintern seines Aufsitzmähers. Luigi sabbert inzwischen wie ein Mastino Neapolitano vor einem Teller Ferkelrosetti a la Putana. Seine Samenstränge sind bis zum Zerreißen gespannt.

Endlich schnürt er los. Zu den rückwärtigen Gärten der Reihenhäuser. Ohne es selbst bewusst wahrzunehmen, rupft er ein Büschel Huflattich aus einem der Vorgärten, um es Bridschitta als kleinen Gruß aus der kalten Küche mitzubringen. Es waren diese Momente, in denen sich Luigi nicht mehr fühlte wie ein mittelgroßer Jagdhund mit einem Aktentaschengesicht, sondern als römischer Centurio, der hinterm Limes die drallen Germanenweiber durchorgelte. Nur noch wenige Minuten, und er würde seinen kalabrischen Liebessporn in die unendlichen Weiten eines deutschen Mittelgebirges versenken, während dieser «Trottel tedesco» davon träumte, seine «Aufsitzemäher zu ficke. Hahahaha!»

Ein gute Stunde später wird Helmut Switalla den Beamten erzählen, es hätte so ein lüsterner Geruch nach Sommer in der Luft gelegen, und da wäre er reingelaufen, um seine Frau zu fragen, ob man womöglich den monatlichen Bei-schlaftermin um drei Wochen vorziehen könne. Ja, und da habe er diesen nackten Einbrecher gesehen, wie der seine Brigitte würge! Zum Glück habe er den Zündkerzenschlüs-sel des Rasenmähers in Händen gehalten und nur zweimal zuschlagen müssen.

Drunten an der Ecke liest Luigis Frau das Pappschild hinter der Scheibe: «Bitte Geduld. Komme so schnell wie geht.» – So lange hatte er noch nie gebraucht bei der fetten Brigitte, denkt sie, ja, ihr Luigi war müde und kein junger Hengst mehr, dies würde der letzte Sommer sein, den sie zu-sammen in Deutschland verbrächten.

DIE HELLES ANGELS

Hi Brous, i bin der Addi von die Streetfighter Events in Blunzenhofen. Mer mochn Streetfighter Events fir a spezielle Klientel, soag mir mol, fir Biker, die wo eh scho olles ma gmocht hobn und ma wos andres erleben möchten, oaso fir Oaschlöcher.

Mir hobn da drei Programme, die wo man buchn kann, eins schärfer als wie des andere.

Da wär erst amol Standard, da hot ma eh scho olles drin, oaber koa Extra ned. Dös zweite, des is des Challenge. Des is … jo, wie soll ma sagn, dös is a arge Challenge. Du cruised a Oipenstraß ins Tal nei, und auf einmal steht da a Ochs mitn auf der Stroaßen oder a Migrant oder wos woaß i – oaba ned zufällig, den hob i da hingstellt fir de Challenge.

Siegst, jetzt musst schaun, dass da vurbeikumst un di ned aufd Seite schlagst, is hoit a Challenge.

Ois drittes Programm hoast des Experience. Jo, um im demsölbigen Beispiel amol zu bleiben: Du bist oisso an dem Ochs heil vorbeikummn, ja schau, wer steht dann do: Noch a Ochs, dös is die Experience, da kummst dann ned mer dran vorbei – aus ist - dös wars. Dös taugt oba bloß am letzten Tag von dem Programm.

Heit kumman wieder drei, aus Hamburg sans, drei präpotente Oaschlöcher. Die Bikes, die san eh schon da, i hob an Tschuschen, der is Anfang der Wochn hochgfahn mit sei Transporter und hat die Bikes von die Oaschlöcher abgholt.

Weil so weit bis nunter in die Oipen foan, do habens koa Zeit, und an Oasch hams a net.

Olle drei san bei aane Agentur fir wos weiß i, kennen tuns eana vom Studiern, sie san domals hoarte Biker sans gwesn. Amoal im Johr sans wieda die Oiden, un du glaubst ned, woas die drei Oaschlöcher auf ihre Lederwesten hobn stickn loasn: HELLES ANGELS MC BLANKENESE. Host miss «Helles Angels» gschrieben wie a Helles, a Bier. Da legst di nieda, dös is ja so was von deppat. Un damit jeda Blunzn ach versteht, hobens a Bierseidel mit an Flügel drunter stickn lassen. Leiwand!

Woast: In Hamburg, da trauns eana ned, die Westen zum Anziehn, da host oba sofort von dena original Hells Angels oans auf die Goschn kriagt. Oba mit uns könnens ja mochn, die Deitschn. Gschissen!

In a hoibe Stund kummens angrauscht mit dene Freitagsflieger von Furzbüttel noch Schwechat. Und in Wean shuttled sie an anderer von meine Tschuschen hoch zu mia nach Blunzenhofen.

Gebucht hobn die drei Oaschlöcha des Experience-Programm. Am Sonntagnochmittag ganget s wieder zruck, zwoahoib Dag sans die Helles Angels, die drei Oaschlöcher.

Heit am Freitag wird gsoffn, und zwar arg, richtig an angschleddert wird sich. Weil wanns nit bsoffn san, die Oaschlöcher, dann wollns pudern, des is oba ned drin bei Experience, dös is nur dös Biken, sunst goanix. Pudern könnens in ihra Agentur, nit bei mia.

Am Samstag ganget s um siebene in der Früh nauf in die Berg. Da fohrn ma a Passstraßen, wo gesperrt is für Biker, un schaun, ob wia ned an Gendarm treffen, mit dem mir an kloans Rennen veranstalten kenna. Danoch schraubn mir die Schalldämpfer aussi un fohrn durch oan Tunnel, dös is a Mordslärm. Alloan dafir lohnt sich schon die Reisen in die Berg, sogan die Oaschlöcha, dabei habens dahoam a an Tunnel unter die Wolga oder wos da fließt bei eana in Hamburg. Hinterm Tunnel foahn mir a bisserl a Panoramastraßn und hoiten um Viertel zwölfe an am super authentischen Biker-treff mit a total authentischen Rockergang: SARAJEWO MONGOLS, dös san natürlich Mitarbeiter von Streetfighter-Events, ist eh kloar. Deitsch sprechen könnens ned, i hob eana a bisserl wos beigebracht: «He Kartoffel, du host ma Freundin angschaut!» So woas in der Art. Is zwoar koa anziges Weibs-bild in der oiden Kaschemm zum Sehen, oba wos solls?

Der größte von die Mongols gibt anem von die Deitschn a Fozn, richtig oane auf die Goschen. Un schon homma a super authentische Hauerei in dem authentischen Biker-treff. Wenn olle drei a Abreibung kriagt hobn, blos i zum Abfoahn. Fuar der Kneipen stehen die Harleys von die Mongols, dös sans amtliche Rächereisen, da dirfen sich die Oaschlöcher an Souvenir abbrechen, hob i extra an Badge mit a lockren Schraube drangeferkelt.

Jo, dös wars mit Experience. Oana von mei Tschuschen is mit dem Besenwoagn hinterdrein gfoahn und lädt die drei Maschinen von die Oaschlöcha und die meine hinten aufi. Mir vier nehmen an Taxi zruck zum Hotel. Obends is no amol Saufen im Programm, un olle drei san froh, dass ma am Sonntag nich mehr raus missn, wegen die Blessurn, wo ma hat. Sowieso wärs schwierig gwesn: der oane hat die Knie kaputt, der andere Prostata und da dritte a Kribbeln im Oarsch noach zehn Kilometer af der Ducati, wo er hoat.

Am Sonntag dirfns asschlafen, und am Nachmittag geht's eh hoam mit dem Fliega noach Furzbüttel.

Des woar's. Hams schon zum siebete Mal gebucht dös Experience Weekend, die drei.

Wann's noach amoal kimma nächst Joar, sog i die Sarajewo Mongols: Schloagst dena die Goschn zu Brei, dos ned wiedakimma, i mog nit mehr.

Da setz i mi af mei E-Bike un hob mei Rua.

BOMBEN ÜBER WUNSTORF

Manchmal, wenn ich mit meinem Pkw durch Wunstorf – ich sag mal – fahre, hab ich viel Zeit: Vor mir glitzert schon die zweite Baustellenampel, und langsam verklumpt sich vor mir der gesamte Güterfern- und Mautvermeidungsverkehr Norddeutschlands, hinter mir flucht die Hälfte aller Schichtarbeiter von VW und Conti vor sich hin – will sagen, in solchen Momenten denkt man, wenn nicht gleich über den Sinn des Lebens, so doch über den Sinn von Wunstorf nach.

Wie eine halb verdaute Ouzoplatte durch den Enddarm eines deutschen Bauarbeiters schiebt sich die Verkehrspampe durch Wunstorf. Mittlerweile ist der zähflüssige Brei in Höhe Ampel Nummer Sieben angekommen. «Zwölf ham wir noch, dann sind wir durch», meldet sich der Schalk in einem finsteren Teil meines Hirnlappens. Auf der linken Fahrbahnseite sammelt sich ein Rudel Insassen aus der nahe gelegenen Irrenanstalt und probt mit dem Leiter seiner Taschengeldgruppe die Überquerung der Asphaltfurt. Von rechts drängeln sich City-shoppende Audi-Weibchen aus dem hier «Altstadt» genannten Abrissviertel in die Kolonne. Ein Banner über der Straße verkündet die «Wunstorfer Matjes-Wochen». Kultur ist, wenn man tote Fische frisst, hatte ich immer schon vermutet. Schade, dass der Wunstorfer Sympathieträger aus dem Stadtbild verschwunden ist, wie hieß er noch mal, «Wunni» glaub ich, lustig, lustig. Gut, dass Pforzheim und Darmstadt nicht über ähnliche kreative Köpfe in ihrer Fremdenverkehrsabteilung verfügen, die dann «Pforzi» und «Darmi» erfunden hätten.

Wieder eine Ampel geschafft. Die Mehrfachbegabten sind mit ihrem Gruppenleiter auf die andere Seite gewechselt, und die lebende Endmoräne in dem Hyundai Pony vor mir hat den ersten Gang endlich gefunden. Mein Blick schweift rüber zur Marktkirche, dort soll noch immer der Eisenkäfig hängen, in dem ein gewisser Ortjes Dove vom Leben in den Tod befördert wurde. Was hatte er Schlimmes verbrochen? 1570 die ganze Stadt abgefackelt, eine verzeihliche, wenn nicht gar lobenswerte Handlung, wenn ichs aus der Distanz betrachte. Noch heute rätseln die Historiker über die Motive seiner Tat. Hä? Hallo! Er hat Wunstorf in Brand gesetzt. Warum? Ja, weils Wunstorf war, was gibt es da zu rätseln. Aber da braucht es den gesunden Verstand des Durchreisenden und nicht den eines Historikers. Meiner Ansicht nach sollte man neben den Fischfresserwochen noch ein weiteres Highlight im Wunstorfer Touristikkalender verankern: «Die Ortjes-Dove-Pyromanen-Festspiele».

1625 brannte Wunstorf übrigens schon wieder ab, diesmal warens die Kaiserlichen, die zündelten. Da fällt meine Sympathie deutlich verhaltener aus, da ich aus religiösen Gründen selbstredend Gefolgsmann des Schweden bin. Trotzdem stellt sich hier wie von selbst die Frage: Warum ist Wunstorf seit nunmehr fast vierhundert Jahren nicht mehr abgebrannt? Und während man darüber sinniert, bahnt sich ganz langsam ein Tagtraum seinen Weg an die Oberfläche meines Bewusstseins.

Doch zuvor will eine weitere Lichtsignalanlage genommen sein. Der Tote vor mir rührt schon eifrig mit seinem Pürierstab im Getriebe des Hyundai herum, es kann sich also nur noch um fünf, sechs Ampelphasen handeln, bis es weitergeht. Ich amüsier mich derweil mit dem Werbeslogan der Staukommune: «Stadt mit Meer». Das zweite «e» ist rot durchgestrichen und ein handschriftliches, gleichfalls rotes «h» drübergepinselt. In diesem Moment spreche ich meine erste Einweisung in die Forensische des Vormittags aus, und zwar für den Kreativpinscher, der sich diesen Brüller aussem Popo gezogen hat: «Stadt mit Meer», in der Grundversion, also «unverbessert». Das stimmt schon grundsätzlich nicht: Wunstorf liegt genauso wenig am Steinhuder Meer wie Hamburg an der Nordsee ... vielleicht sollten die beiden eine Städtepartnerschaft eingehen, gemeinsame Themen wie zähflüssiger Durchgangsverkehr und Irrenanstalten sollten schnell eine angenehme Atmosphäre schaffen.

Das Steinhuder Meer gehört nämlich seit der letzten Eiszeit zur Grafschaft Schaumburg, und die dort ansässigen Neanderthaler hätten einem Wunstorfer wohl nie die Hand geschüttelt. Das ging auch jahrtausendelang gut, bis 1974. In dem Jahr nämlich überfielen im Zuge der imperialistischen Gebietsreform die Wunstorfer Steinhude und gliederten es in ihren Machtbereich ein. Der Gerechtigkeit halber muss erwähnt werden: Dies wäre nicht gelungen, wenn nicht auch einige der übrig gebliebenen Neandertaler aus den Sümpfen Steinhudes übergelaufen wären zu den Wunstorfern. Diese Verräterbrut hatte noch ein Hühnchen zu rupfen mit den Nachfahren des Grafen Wilhelm zu Schaumburg. Sei's drum, weg ist weg, und deshalb nennt sich jetzt dieses merkwürdige Kommunalgebilde

177

auch noch «Stadt mit Mehr», wobei auch die zweite Schreibweise mit «h» meine Zustimmung nicht findet. «Stadt mit weniger», zum Beispiel Ampeln, wäre in der Tat «mehr» gewesen.

Wie kann Wunstorf überhaupt diesen ganzen Wahnsinn hier finanzieren? Auch das liegt im Jahre 1974 begründet: Da hat man sich nicht nur den Zugang zum Meer ergaunert wie einst Polen im Versailler Vertrag, sondern sich auch noch Bokeloh und Mesmerode einverleibt, das Schaumburger Industrierevier – wie einst der Franzos das Saarland. Aus den erbeuteten Steuergeldern finanziert der Wunstorfer seine Existenz.

Endlich: Die nächste Ampel geschafft. Auf der rechten Seite der Magistrale lädt die Wunstorfer Geschäftswelt zum Bummeln ein: ein Pizza-Wegwerfservice, ein Hundetätowierstudio und eine Schule für ostasiatisches Vermöbeln, «Feng Shui Jitsu» oder so, «Um-lei-tung» wäre mir lieber gewesen. Von den Fassaden blättert die Farbe ab, ein Plakat mit einem nackten Frauenarsch weist auf das Geschäft des örtlichen Natursteinlieferanten hin, das verstehe, wer will.

Mittlerweile sind wir an einer der schönsten Ampelanlagen der Stadt eingetroffen. Hier an der Pforte zur Vierspurigkeit hat der Wunstorfer allen Durchreisenden einen besonderen Spaß bereitet. Aus der Stadt herausstrebender Verkehr mit einem Aggressionspotenzial einer Kompanie Panzernashörner hat zeitgleich mit dem von rechts kommenden Verkehr GRÜN – hamwer gelacht. Komischerweise fahren die sich aber gar nicht gegenseitig tot, sondern achten den anderen. Da hat sich der Wunstorfer gehörig in den Finger geschnitten, aber was soll's: Wir stehen kurz vor dem Paradies, denn hier beginnt die vierspurige Hochstraße. 1981 wurde sie eingeweiht in der Hoffnung, dass sie weitergeführt würde durch den ganzen Wunstorfrest. Aber nichts da, stattdessen rammte der Wunni zwei Ampeln in den Verkehrsfluss. Aber man ist ja schon froh, wenn man die Schrittgeschwindigkeit für ein paar Kilometer verlassen kann. «70» Kilometer pro Stunde wird hier vom Verkehrsschild anempfohlen, und die meisten Autofahrer geben sich tatsächlich mit dem Doppelten zufrieden – fürs Erste. Übrigens: Hauptursache der vielen Unfälle auf der A2 sind gar nicht die osteuropäischen Lkw, sondern die Adrenalin- und Testosterontanker, die von Wunstorf aus auf die Autobahn schwappen und sofort minutenlang aufs Gaspedal eintreten.

Auch mir reicht's allmählich, und ich versuche, mit der über mir fliegenden Transall auf gleicher Höhe zu bleiben.

Ein anderer Tagtraum bemächtigt sich sodann meiner: Wie schön wäre es doch, wenn eine vierspurige Umgehungsstraße quer durch Wunstorf oder meinetwegen auch drum herum gefräst würde, auf der die Menschen aus Schaumburg, Nienburg und Ostfriesland friedlich ihrem Feierabend entgegenbrummen könnten, statt jeden Abend aus Frust über Wunstorf in den Teppich zu beißen.

Und da ich noch so dahinträume, über mir das sonore Brummen der Transall und unter mir das sirrende Asphaltband, sehe ich links im Felde ein Transparant auf einem Hänger montiert: Das Wort «Nordumgehung» sticht mir sofort ins Auge. Wie bitte! Was? Schreien möchte ich vor Freude, doch dann lese ich den ganzen Text – «Bürgerinitiative gegen die Nordumgehung».

Dahinter steckt der Iwan, ist mein erster Gedanke, oder die Taliban, wenn nicht gar die CSU. Kein vernünftiges Wesen westlich des Schimpansen-IQs kann gegen eine Umgehungsstraße für Wunstorf sein. Was sind das für finstere Machenschaften? Wer sind die Drahtzieher? Wer ist noch fürchterlicher und verachtenswerter als sämtliche Finsterlinge auf der ganzen Welt? Richtig! Der Wunstorfer selber ist Initiator dieses teuflischen Begehrens.

Über mir dreht die Transall mit dem tiefen Bariton ihrer beiden Rolls-Royce-Triebwerke ab Richtung Fliegerhorst. Du hast es gut, schau ich ihr nach, brauchst keine Umgehungsstraße, um Wunstorf zu überwinden. Doch mir armem Erdenmenschen hülfe auch kein Rolls-Royce hienieden.

Als ich der Transall sehnsüchtig nachblicke, drängt der andere Tagtraum wieder nach vorn, und auf dem Schild im Feld steht jetzt nicht mehr der Text von der Bürgerinitiative gegen die Nordumgehung. Sondern dort wird ein Actionfilm angekündigt:

Bomben über Wunstorf
Ein Film von Dietmar Wischmeyer. Gedreht an Originalschauplätzen mit verblüffend echt wirkenden Szenen.
Erleben Sie mit, wie eine Stadt in Schutt und Asche versinkt, um Platz zu schaffen für eine blühende Umgehungsstraße.
Bomben über Wunstorf
Action-Kino der Superlative.
In den Hauptrollen: Sky du Mont als Bürgermeister von Wunstorf, Frauke Ludowig als Bomberpilotin Ludmilla und als Wunstorf: die Stadt mit Meer – Wunstorf.

In einer Produktion der Schaumburger HeimatLichtspiele
gefördert von der Nordmedia Hamburg.

Bomben über Wunstorf

Jetzt in allen Kinos westlich des Kaliberges.

EXPEDITION IN DIE TIEFEN MEINES ALTEN TORNISTERS

Als ich ein Schüler war – jahrzehntelang ist's her –, da waren die Tornister noch Vollsortimenter. Aus Angst, etwas daheim zu vergessen, oder aus schlichter Faulheit blieb alles, was zum Unterricht gleich welchen Fachs vonnöten war, stets in Rufbereitschaft. König des Tornisters war der Diercke-Atlas, ein in braunes Leinen gefasster Foliant. Mit ihm konnte man Schulkameraden die Rübe einen Wirbel tiefer in den Kragen schlagen oder hinter der Aufklappseite «Skandinavien und nördliches Osteuropa» Nacktbilder aus den «St. Pauli-Nachrichten» deponieren. Grund genug, um ihn stets mitzuführen, auch wenn sein Gewicht die Ursache vieler späterer Haltungsschäden war.

Gegen den braunen Riesen verblassten alle anderen Schulbücher. Immerhin waren die vom Format her etwa halb so groß wie der Atlas und ließen sich entsprechend davor platzieren. Aus der Reihe fielen nur die Bibel und das Gesangbuch, die waren deshalb bei den Ordnungsfanatikern unter den Schülern ebenso verhasst wie bei jenen, denen sie als Schlagwaffe zu mickrig erschienen. Hätte man Gottes Wort Tornister-passgenau als Oktavband gedruckt, wer weiß, ob es da nicht besser stünde um die Mitgliedszahlen der Volkskirchen. Neben den Büchern regierten Hefte das Innere des Ranzens. Ranzig waren besonders die Haushefte, da sie vornehmlich in der Pause auf dem Klo oder im Schulbus geführt wurden. Ganz anders sahen die Klassenarbeitshefte aus, sie waren oft in halb durchscheinende Schutzhüllen gekleidet und verbrachten größere Teile ihres Daseins mehr in der Obhut des Lehrkörpers statt im schwülstigen Dschungel des Schultornisters. Dessen modriger Geruch speiste sich aus zwei Quellen, einerseits aus der noch feuchten Badehose, die man nach dem Schwimmunterricht achtlos hineingeworfen hatte, und zum anderen aus der Verwesung einer vergessenen Wurststulle. Den Verkauf von Pausensnacks durch den Hausmeister oder gar eine Schulspeisung kannte man früher nicht, sämtliche Fourage musste von zu Hause mitgebracht werden. Dabei handelte es sich üblicherweise um eine Klappstulle im Doppelpack, eingeschlagen in Butterbrotpapier, Tupperware galt als dekadent. Obwohl beschichtet und wasserabweisend, nässte das Paket doch häufig etwas durch, wenn Mutter Rübensirup oder Schmierkäse verabreicht hatte. Da waren Wurst- und Käsestulle resistenter – jedoch nicht gegen mechanische Verformung. Sackte das Stullenpaket während des Transports in die Tiefen des Tornisters hinab und geriet unter den Diercke-Atlas, dann drohte eins von zwei möglichen Szenarien: entweder die mechanische Verformung und der Austritt großer Teile des Imbisses aus dem Pergamentpapier oder andererseits das schlichte Vergessen. Gelegentlich traten sie auch beide zugleich auf. Wurde der Verzehr des Pausenbrots in der Woche vor den großen Ferien versäumt und war die ganze Klasse am letzten Schultag im Freibad, dann erwartete den Rückkehrer im neuen Schuljahr ein olfaktorisches Großereignis – denn selbstredend wurde die Schultasche in den Ferien nicht mit dem Arsch angeguckt.

Auch ansonsten kämpfte ganz unten zwischen nasser Badebüx und ranziger Cervelatstulle eine unschuldige Blockflöte um ihr Leben. Bereits in ihrem regulären Dienst als Musikinstrument ward sie vom Schülerschlund vollgesabbert, weshalb ihr eine feuchte Umgebung nicht grundsätzlich fremd war. Kein Wunder, dass ein Chor aus im Saft gereiften Blockflöten im Musikunterricht recht schaurig klang. Zur Standardausrüstung des Schulpflichtleistenden gehörte auch die Federmappe: Der Kenner unterscheidet hier zwei Versionen, ad eins die Reißverschluss-Klappversion mit Bleistift, Radiergummi, Anspitzer und Füllfederhalter samt Ersatzpatronen in Erstausrüsterqualität; jedes Teil sitzt unterm straff gespannten Gummi an seinem Platz. In der Magnum-Version – von Mädchen bevorzugt – enthielt das kunstlederne Futteral zusätzlich einen Satz Buntstifte in den gängigen Barbie-Farben und sogar einen Zirkel plus Geodreieck. Auch Jungen verfügten über einen Zirkel, leider hatte der im Nahkampf mit dem Vordersassen schon die Spitze eingebüßt, und das Geodreieck war beim wöchentlichen Überprüfen der aktuellen Penislänge auf dem Lokus verlustig gegangen. So richtig passten auch weder Zirkel noch Dreieck ins Portfolio eines Stiftbehälters für Jungen, denn dabei handelte es sich, ad zwei, um die sogenannte Faulenzermappe, ein Textilfutteral, in das man alles einfach reinfenstern konnte. Wollte man den Zugriff auf einen bestimmten Inhalt, musste man den Kram als Ganzes ausschütten. Äußeres Kennzeichen dieser Aufbewahrungsform waren die Flecken etlicher irgendwann mal zerquetschter

Füllerpatronen. Im Inneren vermählten sich die Späne angespitzter Bleistifte mit angelutschten Campino-Bonbons. Wie jene ist auch der Aristo TriLog vergessen, ein Rechenschieber, der durch grafische Addition und Subtraktion von Logarithmen höhere Rechenarten simuliert. Im Tornister gehörte er allerdings wie die Blockflöte zu den eher suboptimalen Waffen und wurde wie diese weit unter seinen geistigen Werten gewürdigt. Noch geheimnisvoller war ein ebenfalls mathematisches Werkzeug, nämlich eine braune Plastikschwarte mit lauter Logarithmentafeln, ebenfalls zur ständigen Bereitschaft des Lehrbuchbestandes gehörig, obwohl kaum ein Schüler auch nur ahnte, wozu sie wohl dienen könnte. Immerhin war sie durch den Plastikeinband weitgehend resistent gegen den Wurst-Badehosen-Cocktail in der Bilge des Ranzens.

Wenngleich alle Tornister – zumal die der Jungen – über einen ähnlichen Aufbau verfügten, so gab es doch einen grundsätzlichen Unterschied zwischen denen der Fahrschüler und jenen der Ortsansässigen. Fahrschultornister mussten nämlich weit größeren Strapazen standhalten. Wie beim olympischen Hammerwurf durch Rotation mit Startenergie versorgt und im rechten Augenblick losgelassen, konnten sie zuverlässig einen mittelschweren Gegner auf der gegenüberliegenden Seite der Bushaltestelle fällen. Auch deshalb war es so wichtig, dass neben dem Diercke-Atlas auch das Lesebuch «Wort und Sinn» sowie Bio-, Erdkunde-, Physik- und Chemiebücher das Kaliber des Wurfgeschosses stabilisierten.

Wollte man sich im Bus schon kurz nach Eintritt einen Sitzplatz sichern, musste der Ranzen von fern auf einen Platz geschleudert werden. Traf man das Ziel, wurde der Tornister von allen als Platzhalter akzeptiert, traf man stattdessen einen anderen Fahrgast, war das nicht selten der Beginn einer zünftigen Schlägerei. Meist flog in diesen Fällen aber auch nur der unschuldige Ranzen aus dem fahrenden Bus – auch dieses auszuhalten, stand im Lastenheft des Schulgepäcks.

Bei Auslieferung verfügte jeder Ranzen standardmäßig über ein Rücken-Trage-Geschirr. Nur Deppen nutzten dieses tatsächlich, denn es war geradezu eine Einladung an die pädagogischen Mitbewerber, den Träger mittels einem jähen Ruck am Ranzen niederzustrecken. Zudem war es generell nicht ratsam, den eigenen Tornister aus dem Blickfeld zu verlieren. Die Kameraden setzten lebende Frösche darin aus oder pinkelten hinein, ganz wie es ihnen in den Sinn kam. Jeder Schulranzen war ein Spiegelbild seines Besitzers. Er verbarg Liebesbriefe vor den Augen der Eltern, Schwedenpornos vor denen der Lehrer und überhaupt schlichtweg alles, was zu einem Schülerleben dazugehörte, aber keinen streng genommen pädagogischen Zwecken diente: Sammelbilder, alte Kaugummis, Schnüre, Nägel, Kartenspiele ... doch das Wichtigste war: keine Kontrolle des Privatissimums durch Erziehungsberechtigte. Schüler, denen Mutter den Ranzen packte, waren für ein lebensfrohes, anarchisches Dasein für alle Zeiten verloren.

HINTER DORTMUND FÄNGT
DAS ELEND AN

Eigentlich schon am Kamener Kreuz. Wenn man von der A2 von Osten her kommend auf die A1 einbiegt und ab dort den verdichteten Kern des Landes NRW befährt, ahnt man schon, was einem bevorsteht: ein stundenlanges Stau-Martyrium, ganz gleich, an welchen Ort die Reise führt. Großen Respekt verdienen die Einwohner dieses Landstrichs, denn sie zeigen keinerlei Interesse, NRW für immer verlassen zu wollen in Richtung attraktiverer Wohngebiete. Dem Durchreisenden erscheint es völlig widersinnig, wieso man freiwillig in einer Gegend lebt, die augenscheinlich nur aus verstopften Autopisten, Nachkriegssiedlungen und Gewerbegebieten besteht. Selbstredend täuscht dieser Eindruck, natürlich hat auch NRW «schöne Ecken», doch den Kern muss man sich im Karneval schönsaufen. Gebeutelt von seiner misslichen Lage inmitten Westeuropas, ist es ein Transitland für jedermann, der sich einen gebrauchten Lkw leisten kann.

Einer von ihnen zuckelt seit einer Stunde vor meiner Windschutzscheibe herum. Wohl schon hundert Mal habe ich aus schierer Langeweile den Vers auf seiner Rückseite gelesen: «We have the solutions for tomorrow». Immer «solutions» für «tomorrow», nur nicht für heute, sagen alle faulen Leute. Wenn selbst auf Lkw-Planen schon von der

Zukunft gefaselt wird, dann ist sie als Sehnsuchtsort wohl endgültig verbrannt. Ich kann mir schon denken, worin die «solutions» eines Spediteurs für «tomorrow» bestehen: noch mehr Transporte mit seinen Lkw, was sonst. Es kann einem angst und bange werden um die Zukunft, wenn man auf den Autobahnen liest, wer sich alles darum kümmern möchte. «We think the future of tomorrow» las ich jüngst auf dem Achtersteven eines anderen Lastkraftwagens, da ist jemand schon im Futur zwei unterwegs, gedanklich zumindest.

Ich hingegen zuckle noch immer ganz physisch in der Gegenwart herum und bin auf der Suche nach einer «solution for here and now», aber Überholen ist hier nicht, denn ich bin in die typische NRW-Ausweichstrecken-Falle geraten. Auf Höhe der Anschlussstelle Gevelsberg unterwies mich das Navigationsgerät, die A1 doch bitte zu verlassen, denn am Kreuz Wuppertal-Nord drohe Ungemach, und da sei es doch eine charmante Idee, stattdessen der «Ü sowieso» zu folgen. Auf jener befinde ich mich seit einer geraumen Stunde und durchmesse das sogenannte Bergische Land im Kielwasser des «Tomorrow-Solution-Lasters». Das Land ist nicht nur «bergisch» sondern auch bergig, was jedweden Einblick in einen längeren Streckenverlauf zwecks Überholmanöver verstellt. Und sollte sich überraschenderweise doch mal ein Streckenfenster auftun, kommt einem garantiert ein anderer Lkw entgegen.

Mein derzeitiges Schicksal ist dem Umstand geschuldet, dass ich einen ehernen Grundsatz verletzt habe: «Verlasse in NRW niemals die Autobahn, egal was das Navi dir empfiehlt». Denn nicht nur rechts und links der Piste siedeln die vielen NRWler, sondern auch drinnen im Dschungel, dem Sauer-, Sieger- oder Bergischen Land, und zwar nicht zu knapp. Kaum hat man ein Hückeswagen durchquert, kommt das nächste oder gleich Wermelskirchen, es ändern sich die Namen, sonst bleibt alles gleich: griechische Kneipen, Gebrauchtwagenhändler und überall «Landbäckereien», obwohl alles verstädtert ist. Am befremdlichsten am inneren Kern NRWs sind die grünen Reste zwischen den Teppichbodencentern und Eigenheimstätten: Hier zwei Hektar Mais, dort ein schütter bewaldeter Hügel. Warum hat man die übrig gelassen, war der Asphalt alle? Restnatur erscheint hier irgendwie inkonsequent als «solution for tomorrow».

Noch ganz in Gedanken, berührt mich das Glück: Das darf nicht wahr sein, der Lkw vor mir blinkt nach rechts, ab in den Gewerbepark «Am Eichhörnchengrund», endlich lockt freie Sicht nach vorn und nicht mehr nach «tomorrow». Die Freude währt nur kurz. Während ich vor der roten Ampel stehend mich am blinkenden Fahrtrichtungsanzeiger meines Vordermannes weide, ist die Kreuzung für den Querverkehr freigeschaltet, und – oh Schreck – ein Lkw mit Auflieger biegt vom Eichkater-Gelände kommend auf meine Trasse ein. Beim Einbiegen lese ich auf der Seitenplane «Don't call it Schnitzel». Wen ich jetzt allerdings so nicht nennen soll, kann ich im kurzen Moment des Einbiegens nicht so rasch erheischen. Darüber mir Gedanken zu machen, hab ich die folgende halbe Stunde reichlich Gelegenheit, denn mein neuer Bundesstraßen-Scout geleitet mich mit Tempo 60 durch Orte mit -scheid und -rath hinten dran: Landbäckereien, Partyservices, Baumärkte und – sieh an – noch eine Landbäckerei mit leichtem Seniorenbesatz im Außenbereich. Das beschauliche Tempo und ruckartige Vorrücken zwischen den zahlreichen Ampeln lässt mich seltsamerweise nicht gelassener werden, sondern es keimt ein innerer Wunsch nach Zerstörung. Doch bevor sich der zynische Gedanke im Hirn festsetzen kann, erscheint am Wegesrand das erlösende Blau des Autobahn-Hinweisschildes. Endlich ein Ausweg, eine Lebensader! Selbst in einen Stau würde ich nach fast zwei Stunden «Ü» durchs Hinterland mit Wonne einbiegen.

Endlich wieder zu Hause, und es locken wechselnde Verse auf den Lkw-Planen in der Nebenspur, keine Landbäckereien mehr, eine wenn auch vage Aussicht auf freie Fahrt irgendwann, irgendwo in diesem Land. «Don't call it Schnitzel» – jetzt fällts mir wieder ein, das ist der Bundesland-Slogan von NRW. Humor haben sie, die Eingeborenen, und schon war alles Vorherige vergessen, und als sich dann das angedrohte Ungemach Höhe Kreuz Wuppertal-Nord als Fata Morgana des Navigerätes erwies, hatte ich mich endgültig wieder mit NRW versöhnt – was soll's, die haben's auch nicht leicht mitten in Europa, wo jeder Blödmann, der sich einen Laster leisten kann, hindurchbügelt – und ich.

MEIN DASEIN ZWISCHEN KÜHLSCHRANK UND KLIMASCHOCK

Die Erde kocht über, El Niño röstet die Südhalbkugel ...
Mag wohl sein, doch bei mir ist der Kühlschrank kaputt.
Im Spannungsfeld zwischen weltweiter Katastrophe und
häuslichem Generve eiert das Individuum durch die moderne Zeit. Während ich bräsig auf der Terrasse in der
Sonne hocke und Cappuccino schlürfe, trifft sich die lokale Gruppe der Klimaaktivisten und entwickelt ein kritisches Verhältnis zum Gestirn. Würde ich fünfzig Cent
mehr für den Kaffee ausgeben, könnte in Guatemala ein
Campesino sein Kind zur Schule schicken. Was bin ich
doch für ein abgestumpftes Arschloch. Fräße ich weniger
totes Rind, zerfurzte jenes auch nicht die Atmosphäre.
Der Getreideschimmelkäfer soll sogar, was den Proteingehalt anbetrifft, die Auster locker auf die Plätze weisen. Da
muss auch ich mich kritisch hinterfragen, warum ich nicht
längst das Kerbtier aus dem Chitinpanzer lutsche, selbst
wenn ich Austern sowieso nicht mag. Der weniger eklig anmutende Tofu ist da keine Lösung, den fabriziert man aus
Sojabohnen, und wo die wachsen, da war mal Regenwald.
Falls den nicht schon das Palmöl hinwegraffte, das man
braucht, damit mein Auto ein Veganer werden kann. Nicht
allein, dass der nasse Wald uns dabei hilft, das Klima zu
stabilisieren, innen drin siedelt auch noch der unberührte

Indigene, dem man mit dem Gebäum das Dach über dem Kopfe raubt.

Wie man's dreht und wendet, auf mir lastet die Bürde der ganzen Menschheit, doch im Hier und Jetzt ist erst einmal mein Kühlschrank kaputt. Repariert ihn der arbeitslose Handwerker schwarz, spar ich fünfzig Euro und leiste dem Sozialbetrug Vorschub. Kauf ich einen neuen, kommt er gleich aus China und wird zum weiteren Sargnagel für den Standort Deutschland. Vom FCKW des alten, weggeworfenen ganz zu schweigen, das dem Eisbären die Polkappe unterm Hintern wegschmilzt. Dafür braucht der neue weniger Strom, und wenn wir uns alle einen neuen Froster kauften, könnte man ein Atomkraftwerk zusätzlich abschalten – sind bloß keine mehr da, also müsste man erst eins bauen, um es abschalten zu können. Mit dieser Begründung für den Bau eines AKW könnten sicher auch die Grünen leben. Jeder von uns kann die Welt retten, jeden Tag, und zwar so oft, dass man zu gar nichts anderem mehr kommt. Ist der Fummel vom Textil-Discounter auch wirklich frei von Kinderarbeit? Kommt die Banane wirklich aus keinem Land, in dem gefoltert wird? Und was soll eigentlich der Scheiß vom «nachwachsenden Tropenholz» – in Millionen Jahren oder wann? Allein das Wort «Verbraucher» für uns als Mensch macht uns zur Planetenzecke, die dem Wirtsgestirn das Leben aussaugt. Sobald ich meinen Passat Kombi anlasse, fällt davon rein rechnerisch irgendwo auf der Welt ein Vogel tot aus dem Baum. Nur die Made verleiht dem Leben noch einen Sinn, wenn sie sich am abgestorbenen Rest des Verbrauchers weidet. Gleichgültig, was ich außer Abkratzen sonst noch tue: Es schadet, es schmutzt, oder Arten sind gefährdet. Einmal zu viel ausgeatmet, und ein Passivatmer im selbem Raum wird davon in zwanzig Jahren Krebs bekommen. Zusehends wird es für uns Weltneurotiker schwerer, im Slalom zwischen Nachhaltigkeit, fairem Handel und CO_2-Emissionen zu bestehen. Der Schlichtgestrickte flüchtet sich ins Arschlochsein. Unvergessen sein Spruch aus den Achtzigern – «Mein Auto fährt auch ohne Wald» – oder den Neunzigern – «Eure Armut kotzt mich an!». Was ist Arschlochs Richtschnur in der Gegenwart? Neulich hab ich es gesehen, hinten auf einem Wohnmobil. Säuberlich stand da mit Klebebuchstaben aufgerubbelt das Motto der saturierten Amokgreise: «Frührentner auf Weltreise». Ja, ich weiß, es braucht eine Zeit, um die darin enthaltene Ungeheuerlichkeit ganz zu verstehen.

Da wenden wir uns in der Zwischenzeit, solange das Hirn noch vor sich hin werkelt, meinem Kühlschrank vom Anfang zu. Es ist nach langem Hin und Her dann doch ein neuer geworden, er hatte einfach den besseren «ecological footprint» – also der Kühlschrank selbst (AAAAA++++++). Doch nicht etwa das, was sich drum herum befand: Styropor! Als ich die Konsumbeute aus ihrer Hülle schälte, zerbrach das Polystyrolgebilde in tausend Teile, der Wind trug es in alle Richtungen, und irgendwann wird die kleine Styrolflocke der Kühlschrankverpackung am Strand von Tonga angespült werden. Was uns weder mit Kaiser Wilhelms Flottenpolitik gelang noch mit Hitlers U-Boot-Waffe, eine kleine deutsche Styroporflocke hat's geschafft: Germany rules the waves. Sollte ich einst in den entferntesten Winkel der Welt reisen, zum Walegaffen ans Kap, zum Klimawandelwatching auf Kiribati, die kleine Styroporflocke war schon vor mir da. Sie ist die erfolgreichste Botschafterin der Ersten Welt. Selbst wenn auf Osttimor der letzte Menschenfresser einen unverdaulichen Happen von Nachbars Oma in die Fluten spuckt, ist die Globalisierung auch schon bei ihm zu Gast: Da trudelt ein weißes Etwas auf der Gischt des Ozeans heran, von weit her kommt das kleine Ding, einst umschloss es mit vielen seiner Geschwister einen Kühlschrank aus China, reiste dann nach Bielefeld in ein Elektronikfachgeschäft, von dort zu mir, um beim Öffnen der Verpackung mit einer leichten Brise fortgeweht zu werden. Dreißig Kilometer entfernt nahm die Weser die weißen Flocken mit sich fort, trug sie über Bremerhaven an Wangerooge vorbei hinaus ins offene Meer, und ein paar Wochen später gesellen sie sich zu den Myriaden anderer kleiner Styroporflocken, die als modernes Plankton die Weltmeere bevölkern. Und wenn wir schon lange, lange nicht mehr auf diesem Gestirn zu Hause sind, dann ist sie noch immer da. Das tröstet mich!

WEIHNACHTSBÄUME

Nur noch wenige Tage bis Heiligabend. Wie zartes Engelshaar flirrt der Auspuffqualm über der Straße vor den Toren der Stadt. Sobald sich das Rot der Ampel in den Abgasen verfängt, wird aus dem nüchternen Asphaltrevier ein weihnachtliches Zauberland. Just dort steht Miroslav Podbielski zwischen achthundertsiebenundachtzig Weihnachtsbäumen und friert wie ein Bademeister an der Barentssee. Kurz nach Totensonntag hatte ihm ein vorgeblicher Libanese tausend dänische Plantagenfichten auf den Schotterplatz gestellt. Dies sei seine Chance, um reich zu werden, hatte er gesagt. Für zehntausend Euro gehöre ihm die komplette Lkw-Ladung. Vierzig Euro pro Baum könne man auf jeden Fall verlangen. Außerdem gehöre der Platz hier einem seiner Cousins, da gäb's keine Probleme.

«Dreißig Riesen in einem Monat, kein schlechtes Geschäft», dachte sich Miroslav, verpfändete seine rechte Niere bei einer chinesischen Triade, kaufte sich eine lustige rote Bommelmütze und stellte sich am 1. Dezember zwischen die skandinavischen Krüppelkoniferen. Das Unheil nahm seinen Lauf mit der Erkenntnis, dass libanesische Cousins in den seltensten Fällen Eigentümer eines Bauhofes der Straßenmeisterei sind. So gingen die ersten hundert Fichten als Schmiere drauf für die Straßenknechte und ihre gesamte bucklige Verwandtschaft. Die nächste Erkenntnis betraf den am Markt zu erzielenden Endabgabepreis für räudige

Fichten, die nach Pestiziden stinken wie der heilige Glyphosat von Monsanto – von der Vierzig konnte man getrost die Null wegstreichen. Selbst zu dem Preis fanden sich nur solche Käufer, deren Lebenserwartung mit der des verseuchten Lametta-Tragegestells korrespondierte. Alsbald murrten auch die Straßenknechte ob der nicht geringer werdenden Fichtenmenge und verlangten zusätzlich eine tägliche Glühwein-Grundversorgung. Schiere Verzweiflung begann die Oberhand zu gewinnen, und Miroslav Podbielski sah seine Niere schon zwischen Nashornpulver und Hundepeniden im Schaufenster eines chinesischen Feinkostgeschäftes. Doch wenn du glaubst, es geht nicht mehr, kommt von irgendwo ein Lichtlein her. Es hatte zu schneien begonnen. «Schneeflöckchen, Weißröckchen», erinnerte sich Miroslav an seine beiden lustigen Kaninchen, die er als Kind selbst hatte schlachten dürfen.

Bei Sauwetter rückten die Straßenknechte selbstredend nicht aus, sondern verbrachten den ganzen Tag in ihrem Schuppen, wo ihnen Miroslav ohn Unterlass den Schutzgebühr-Glühwein kredenzte. Dabei schnappte er auf, dass an jener Straße, an der sich sein Fichten-Outlet befand, im Frühling zweitausend kanadische Ahornbäume gepflanzt werden sollten – als Ausgleichsfläche für einen E-Bike-Schnellweg durch das Laichgebiet der nahezu ausgestorbenen Rotbauchunke. Und da reifte in Miros Schädel eine Idee. Am folgenden Tag stand die Idee als Schild vor seiner Nadelbaum-Resterampe und lautete: «Kaufst Du ein Weihnachtsbaum, pflanzt dafür Stadt ein Ahorn an Straße.»

Keine halbe Stunde verging, und die Leute rannten ihm die tote Schonung ein. Ein jeder wollte ein Teil von Miros

«Regenwald-Projekt» sein, zahlte bereitwillig die vierzig Euro für den guten Zweck und nahm notgedrungen auch den hässlichen Stinkebaum mit nach Haus.

Zwei Tage später war Miroslav Podbielski alle Bäume bis auf einen los, hatte 35 480 Euro in der Kasse, bezahlte davon die zweihundert Liter Christkindl-Glühwein bei seinem Lieferanten und ward nicht mehr gesehen. Am Heiligabend saß ein mit sich und der Welt äußerst zufriedener polnischer Arbeitsmigrant im Kreise seiner Familie um den hässlichsten Tannenbaum, den man je dort gesehen hatte. Doch Vater Miroslav hätte ohne ihn nicht Weihnachten feiern wollen, und so versiegte das Gemaule in der allgemeinen Fröhlichkeit. Zu vorgerückter Stunde, als die Bälger schon in ihren Betten schlummerten, nahm Miroslav den Schein von der Pfandleihe mit dem Namen des Libanesen, unter dem er seine Niere verpfändet hatte und entzündete ihn an der einzigen Kerze am für ihn schönsten Weihnachtsbaum, den jemals die heimische Stube gesehen hatte.

WEIHNACHTSBESUCH

Holler, poller Hodensack, bald kommt das Verwandtenpack. Tante Weinbrand und Onkel Helmpflicht aus dem westfälischen Teil des Kongo haben sich in ihren Unterklasse-Pkw gezwängt und brummen gen Wohnort ihres einzigen Neffen. Der arme Bengel, zwar schon Ende fünfzig und selbst längst Großpapa, ist Vollwaise, hat nur noch den Onkel und das Tantchen als einzige Verwandten mütterlicherseits. Da ist es unbedingte Christenpflicht, den bedauernswerten Jungen an Weihnachten in der Großstadt aufzusuchen, da wo man sich untereinander ja nicht kennt. Und man liest ja so viel von Aufgehängten und Tablettenfressern an den Feiertagen, wie sie unterm Tannenbaum tagelang dahinverwesen ohne Beistand und Gottes Segen. Nein, das wollen Onkel und Tante nicht. Allein lebt der Neffe in der großen Stadt, die Frau ist ihm durchgebrannt, die Kinder frech und ungezähmt, sie studieren fern der Heimat Mediendesign oder bloggen irgendwo irgendwas. Der Bub mit seinen achtundfünfzig Lenzen hockt derweil alleingelassen unterm Lichterbaum und ahnt nicht mal, dass ein Besuch aus dem fernen Sauerland bereits die Stadtgrenze überschritten hat. Ach perdauz, was wird das für eine Freude sein, wenn die beiden Faltenbälge unangemeldet in der Tür des Neffen stehen: «Holladrio und juchheissassa, wir sinds, min Jung, die Muhme und der Oheim aus Bad Zwischenhirn, herrje, was bist du groß geworden, die Omama – Gott hab sie selig – hat dir Printen gebacken noch auf dem Sterbebett. Hier, lass es dir schmecken, und nun wollen wir fröhlich sein alle miteinand, denn es ist uns Menschen ein Heiland geboren in der Nacht», sprach das runzlig, punzlig Paar aus dem tief verschneiten Sauerland und erbat Einlass in die bescheidene Hütte des Neffen mütterlicherseits. Der war fürbass erstaunt, wusste er doch nicht mal mehr, dass sich im fernen westfälischen Kongo noch ein Seitenzweig seiner Ahnen in eine genetische Sackgasse geflüchtet hatte. So gewährte er den beiden putzigen Gestalten Einlass in sein Heim, kredenzte ihnen vom besten seiner Single-Malts, ließ gegen Mitternacht die Haschisch-Pfeife kreisen und zierte sich auch nicht, auf Pay-TV einen versauten Streifen mütterlicherseits mit reichlich nacktem Fleisch auszuwählen. Es wurde eine rauschende Weihnacht. Und noch Jahre später, Tante Weinbrand war längst verblichen und den Onkel hatte der Infarkt ans Sterbebett gefesselt, erinnerte sich der Bengel aus der Großstadt mit Wehmut an das schönste Weihnachtsfest, das ihm je beschieden war. Halleluja!

WEIHNACHTSSAUSE AUF BRAUCHWASSER

Schrappighüffen, eine kleine Gemeinde im Herzen Ost-westfalens. Inmitten blühender Gewerbeansiedlungen stehen schmucke Siedlerhäuser entlang des Köttelbaches bis runter zum Sickersaftweg. Dort allerdings quillt ein eitriges Geschwür aus der pittoresken Kleinbürgeridylle hervor. Es ist der Fäkalentsorgungspark des Kreises Herford, Brauchwasser 2, wie er im Verwaltungsjargon heißt: Äußerlich eine architektonische Gewaltorgie, innerlich sozial ausgewogen und wegweisend. Diesjährig wurde B2 sogar ausgezeichnet, mit der Waltraut-Pittenschnieder-Medaille für Gendergerechtigkeit bei der Brauchwasseraufbereitung, und ist seither der ganze Stolz der Kreisverwaltung. Um der preisgekrönten Klärbecken-Crew die Ehre zu erweisen, möchte Oberkreisdirektor Hans-Günter Schiballa die Weihnachtsfeier der Unteren Wasserbehörde nach Schrappighüffen verlegen. Vierunddreißig Verwaltungsmitarbeitende der Behörde kümmern sich um die beiden Vollzeitkräfte auf B2: Um den gelernten Abwasserwirt Randolf Goretzke und die Auszubildende Tennessee Grosse-Klötenkämper. Die Waltraut-Pittenschnieder-Medaille für Gendergerechtigkeit ist nicht zuletzt dem jähen Tod des ehedem dritten Mitarbeiters Alfons Brümmel zu verdanken. Jener war eines morgens im gewohnt angetrunkenem Zustand in das große Klärbecken K1 gestürzt. Die Obduktion hatte ergeben, dass Brümmel noch minutenlang versucht hatte, dem rotierenden Rechen davonzuschwimmen, es sogar beinahe bis an den Beckenrand geschafft hätte, letztendlich aber an einem verschluckten Q-Tipp-Stäbchen erstickt ist. Des einen Leid ist des anderen Freud, wie es in der Weihnachtsgeschichte heißt, und so ist durch den unfreiwilligen Abgang des Kollegen Brümmel der Frauenanteil von 33 auf 50 Prozent hochgeschnellt und damit in den Fokus der Gleichstellungsbeauftragten der Unteren Wasserbehörde gelangt. Grindhild-Maria Teckelstert ist eine äußerst attraktive Mittdreißigerin und wird von allen Männern der Behörde sabbernd «Abwasser-Woman» genannt, möchte selbst aber als «Dschie Ämm» angesprochen werden und ist aufgrund ihrer in Amtszusammenhängen unüblichen Schönheit unter den Kolleginnen der Unteren Wasserbehörde beliebt wie Schamlippenherpes im Endstadium. Dschie Ämm hasst die anderen Frauen zurück wegen deren Stutenbissigkeit. Die Rolle einer Gleichstellungsbeauftragten erschien ihr als ideale Basis, um «den dämlichen Hühnern» eins zu verpricken. Doch zurück zur eigentlichen Geschichte.

Die Waltraud Pittenschnieder-Medaille ist dotiert mit zwölftausend Euro aus dem EU-Fond «Gender Equality in Sustainable Greywater Treatment». Noch ehe die Mitarbeiter auf B2 von ihrem Glück erfuhren, hatte OKrD Schiballa ein Auge auf die zwölftausend Euro geworfen und entschieden, mit dem Geld eine amtliche Weihnachtssause à la surprise mit allem Pipapo zu finanzieren – selbstverständlich ohne Partner, damit auch untenrum der Zusammenhalt im Kollegenkreis gefestigt würde. Dabei dachte er nicht zuletzt an sich selbst und an das jungenhafte Frollein Tennessee, das ihm bei der jüngsten Begehung der Fäkal-Facilities angenehm aufgefallen war. Allein schon deshalb musste die «Sause» auf Brauchwasser 2 stattfinden, da biss die Maus keinen Faden ab. Mit der Ausrichtung wurde ein erfahrener Player beauftragt, die Agentur Kevin Strothkötter und Friends aus Stedefreund. KSF hatte für die OWL-Marketingabteilung in Bielefeld das neue Maskottchen, den OW-Elch entwickelt. Der Slogan der Kampagne lautet: «Ostwestfalen, jetzt auch mit Elch». Für den genial-bescheuerten Claim hatten Strothkötter und Friends den German Advertising Award 2020 bekommen. Dadurch sind sie zur ersten Adresse in ganz OWL geworden. Man munkelt, selbst Lars Windhorst hätte innerlich den Hut gezogen. Bei so viel Renommee ist es nur zu selbstverständlich, dass KSF mit der «Sause» auf Brauchwasser 2 betraut ist. CEO Strothiboy gedenkt dabei, elftausend Euro des Etats als Provision einzubehalten und mit der Umsetzung der «Sause» die örtliche Event-Agentur «Kenia produktiv» zu beauftragen. Diese besteht in toto aus der Person Klaus-Dieter Schlichter, genannt «Kenia», weil er fast ausschließlich schwarzarbeitet und sogar mal einem Finanzbeamten Hundescheiße – oder eigene, das ist nie rausgekommen – in den Briefschlitz gestopft hatte.

Kenia produktiv ist in Ostwestfalen fast so bekannt wie Kevin Strothkötter und Friends, nur weniger für seine Meriten als für seine spektakulären Katastrophen. Legendär ist das «Umsonst und draußen»-Festival 2014 in Künsebeck. Schlichter hatte im Vorfeld fünf Euro «Bearbeitungsgebühr» von jedem Interessenten eingesammelt mit der Begründung, damit den Zugang und eine Beschränkung der Besucherzahl auf maximal tausendfünfhundert zu garantieren. Als Kenia fünftausend «Gebührentickets» verkauft hatte, verschwand er für ein halbes Jahr in der Dom Rep. Gegenüber den Ticketinhabern hatte Kenia hundertprozentig Wort gehalten, denn er war «draußen», und «umsonst» war sogar die Anreise, denn das Festival fand nicht statt.

Zurück zur «Sause». Normalerweise rührt Kenia für schlappe tausend Euronen keinen Finger, aber er überlegte, bei der Vorbereitung der Party am Fäkalentsorgungspark zwanzig Tonnen kontaminierte Schlachtabfälle eines Analogfleischfabrikanten aus Pekeloh illegal zu entsorgen. Die Zeit drängte, denn die zwanzigtausend Euro schwarz für die Entsorgung hatte Kenia längst kassiert und damit unter anderem einen alten Deckel beim «Singenden Wirt» in Fünfschlingen beglichen. Die Abfälle aus Pekeloh stehen nunmehr seit vier Wochen in der gemieteten Zelle einer Selfstorage-Anlage in Bielefeld-Stieghorst. Nicht mehr sehr viel länger, und die Gärgase würden die Plastiktonnen explodieren lassen, ganz Stieghorst müsste evakuiert werden, und er, Kenia, dürfte sich wieder in die Dom Rep verdrücken, diesmal ohne fünfundzwanzigtausend Euro und für immer. Die Nummer mit der «Sause» musste also klappen.

Somit folgt jeder unserer Helden seinen ganz eigenen Interessen an der «Weihnachtssause à la surprise» auf Brauchwasser 2: OkrD Schiballa gelüstet es nach der blutjungen Tennessee, Dschie Ämm dürstet es nach dessen A16-Stelle, Strothiboy ganz profan nach elftausend Euro und «Kenia» Schlichter muss dringend eklige Altlasten entsorgen. Allein die beiden Hauptakteure, Goretzke und Grosse-Klötenkämper, wissen von nichts. So nimmt das Unheil seinen Lauf.

21. Dezember 2021, der letzte reguläre Arbeitstag vor Weihnachten auf Brauchwasser 2. Neun Uhr vormittags, Frühstückspause in Schrappighüffen. Randolf und Tennessee hocken im Bretterverschlag neben KB 5, dem letzten Klärbecken, bevor die endgereinigte Schlorze wieder in den Trinkwasserkreislauf eingespeist wird. Hier riecht man kaum noch etwas, und den Rest erledigt die Toleranz des olfaktorischen Sinnes. Randolf schiebt sich eine Scheibe lippischen Kastenpickerts mit grober Dörentruper Leberwurst hinter die Binde, Tennessee könnte kotzen, versucht aber, sich auf ihre Dinkel-Bowl mit Hafermilch zu konzentrieren. Beide sprechen kein Wort miteinander, wozu auch, denn Tennessee geht ins letzte Ausbildungsjahr und zählt schon die Tage. Endlich Schluss auf Brauchwasser 2, dann darf sie sich staatlich geprüfte Abwassertechnikerin nennen, denkt aber nicht daran, diesen Scheißejob tatsächlich auszuüben. Sie hat andere Pläne: An der neu gegründeten medizinischen Fakultät OWL reicht eine abgeschlossene Lehre in körperflüssigkeitsnahen Berufen zur Hochschulreife. Tennessee will dort feministische Medizin studieren. Die Waltraut-Pittenschnieder-Medaille für Gendergerechtigkeit würde sie an der Schlange der anderen Bewerber vorbei nach ganz vorne bringen. Während Tennessee von ihrer Zukunft träumt, fällt Randolf ein Brocken Pickert mit Wurst herunter. Ohne zu zögern, zieht er ihn mit dem Stiefel zu sich heran, hebt ihn auf und stopft ihn sich in den Mund. Tennessee möchte jetzt wirklich kotzen, doch lautes Hupen vor dem Tor hält sie davon ab. Ein überladener Fiat Ducato mit der Aufschrift «Ken oduktiv» steht vor dem Tor. Vier weitere Klebebuchstaben flattern im Wind, und ein Scheinwerfer schielt

hoch zur Stratosphäre. Wie dessen Fahrer kurz danach behauptet, handele es sich um die Lieferung im Auftrag von KSF, genauer gesagt um zwanzig Überraschungstonnen für das Schrottwichteln zur Weihnachtsfeier. Randolf Goretzke und Tennessee Grosse-Klötenkämper verstehen nur Bahnhof. Erst ein Anruf in der Zentrale Löhne-Kotenhausen klärt die Situation: Auf Brauchwasser 2 nämlich finde eine «Weihnachtssause à la surprise» für die ganze Behörde statt, erzählt man ihnen, und demnächst würde die renommierte Agentur KSF mit dem Lunapark anrücken zur Vorbereitung. Randolf Goretzke ist beruhigt, es hatte also alles seine Richtigkeit mit der Lieferung von Kenia produktiv. Jau, sprach er in das Telefon, da werde jetzt gerade schon was geliefert. Am anderen Ende ist man ebenfalls beruhigt, die Sache läuft – prima.

Der 22. Dezember, Tag der Weihnachtssause auf Brauchwasser 2. Ein Bus mit den Bediensteten der Unteren Wasserbehörde rollt auf das Gelände. Schneeregen trübt den Blick des Oberkreisdirektors, welcher als Erster dem Bus entsteigt: «Na, hab ich zu viel versprochen», wendet er sich an die ebenfalls ausgetretenen Mitarbeiter, «Strothkötter und Friends haben ganze Arbeit geleistet, 1A Überraschungssause, sieht aus wie immer, man sieht noch nichts von der ganzen surprise, bin gespannt wie 'n Flitzebogen, was die sich haben einfallen lassen.»

Am Zaun stehen Abfallwirt Goretzke und sein Azubi. «Na mein Junge», spricht OKrD Schiballa Tennessee Grosse-Klötenkämper an, «auch hier, wo ist denn deine hübsche Schwester?»

In dem Moment detoniert die erste Tonne mit den Schweineabfällen. «Guckt mal, Feuerwerk», kann Schiballa noch rufen, bevor ihn ein Fetzen fauliger Schweinelunge am Kopf trifft. Als hätten sie auf ein Signal gewartet, explodieren auch die anderen neunzehn Tonnen. Außer den Mitarbeitern von B2, die rechtzeitig in den Bretterverschlag geflohen sind, bekommt jeder Anwesende seinen Teil ab von der Sause à la surprise: Ein Regen stinkender Därme und innerer Organe im Stadium fortschreitender Verwesung prasselt auf die festliche Truppe hernieder.

Zwei Tage später berichtet die Neue Westfälische:

Anschlag auf Weihnachtsfeier in Schrappighüffen. Polizei vermutet dahinter Peta-Aktivisten, da Feiergesellschaft mit Fleischabfällen beworfen wurde.

Und weiter unten:

OKrD Schiballa überraschend zurückgetreten. Nachfolgerin GM Teckelstert kündigt eine Neuausrichtung der Unteren Wasserbehörde an. Wegen kürzerer Wege im Ablauf wird die Belegschaft aus der alten Amtsvilla in Löhne-Kotenhausen in ein Containerbüro direkt auf das Gelände von Brauchwasser 2 verlegt. Die alte Villa wird zum Human-Resources-Management-Center unter direkter Leitung der neuen OkrD Teckelstert.

Und was wurde aus den anderen Helden dieser Geschichte?

Randolf Goretzke ist mit vierundfünfzig Jahren abschlagsfrei in die passive Altersteilzeit verabschiedet worden und schreibt einen Schrappighüffener Regionalkrimi mit sich selbst als Oberkommissar.

Tennessee Grosse-Klötenkämper hat einen Studienplatz

in feministischer Medizin bekommen und könnte kotzen, als sie zum ersten Mal ihre Kommilitoninnen trifft.

Kevin Strothkötter und Friends haben den Pitch für die neue Image-Kampagne des Landes Nordrhein-Westfalen gewonnen mit dem Claim «NRW – Don't call it Schnitzel».

Kenia produktiv hat seinen Firmensitz nach Pekeloh verlegt und ist hauptsächlich im Bereich Separatorenfleisch-Logistik tätig.

Die Weihnachtsfeier 2021 war für alle Beteiligten ein großer Wendepunkt in ihrem Leben und verdankt sich doch nur einem unabsichtlich in die Toilette fortgeworfenen Q-Tipp-Stäbchen, das einem ungeübten Schwimmer das Leben kostete und in der Folge noch unabsichtlicher der Gendergerechtigkeit Vorschub leistete. Und ist nicht genau das die Weihnachtsbotschaft von dem Kind, welches im Stall geboren ward und die Welt verändert hat?

INSPEKTOR CONRADI UND DIE TOTEN HUNDE VOM KÖTERMOOR

PROLOG: DIE FRAU

Diese Bauer ist ein fette Schwein, und immer wenn er kommt abends, will er sofort. Und ich bin müde und will nicht diese fette Schwein. Morgen sag ich ihm alles, oder ich sag die andere die Wahrheit. Der is immer sehr nett und bringt ab und zu kleine Geschenk, aber es ist mich egal, weil in zwei Woche ich bin zurück in Heimat, und die nächste Jahr ich komme nix wieder. Eine Mal ich war abends noch draußen in Wald und hab gesehen eine ander Frau, vielleicht auch polnische Frau, ich nix weiß, weil kommt regnet und ich wieder in Haus. Die Tage spät hab gesehen ander Frau mit die Hund, wo immer bei uns die Abfall holt. Die Hund nix böse war mit Frau. Abends wenn dunkel, die Hund oder viel Hund immer kommt nach Haus und gucken, ob fressen. Ich mag die kleine Pieski, lieber klein Hundchen, in Zczwerczkoje wir haben auch Hund, aber nich so groß, nur kleiner Hundchen. Ich viel arbeiten in Feld mit viel ander Frau nix viel Zeit, nix viel sehen, wo passiert. Auch polnisch Leute sagen, hier in die Moor ist böse Geist, und man hat gefunden schon totes Frau mit kleiner Hundchen auf Arm, beide tot. Ich nix gehen in diese Moor, aber schwarzer Mann immer will ich gehen, ist gute Mann, aber ich nix gehen wo böse Moorgeist. Andere polnisch Frau ist egal, aber ich nix gehen. Ist nicht bloß wegen Moorgeist, ist auch wegen viele Hund und wegen die Frau mit die Hund. Vor lange Zeit fette Schwein hat gesagt, Leute machen tot Hund in Moor, und jetzt machen die Seelen von die tote Hund Mensch kaputt. Ich nix will kaputt, ich nächste Woche zurück und nix mehr sehen schwarze Mann und fette Schwein. Ich bete für ander Frau, dass nix geht tot.

1. DER FUND

«Weibliche Leiche in Biogasanlage entdeckt. 120 000 Euro Sachschaden». Pastor Heinemeyer liest die Schlagzeile im Kreisblatt ein zweites Mal. Er mag nicht glauben, was dort geschrieben steht. 120 000 Euro ist ein Mensch also wert, denkt er. Oder ist das der Schlachtpreis einer Frau, ein Mann könnte es also durchaus auf 150 000 Euro bringen? In was für einer Welt leben wir eigentlich, sinniert Heinemeyer. Auf jeden Fall ist das ein schöner Einstieg für die Predigt am kommenden Sonntag, Frau als Sachschaden, denkt er noch, und wirft das Kreisblatt in den Kamin. Hätte er den Artikel weitergelesen, dann wüsste er, dass nicht die weibliche Leiche einen Sachschaden von 120 000 Euro darstellt – ein toter menschlicher Körper hat einen maximalen Materialwert von 7 Euro 50. Die Summe bezieht sich auf das, was die Leiche mit sich führte, genauer gesagt auf die Packung Geschirrspüler-Tabs. Während es sich bei einem toten Körper um einen Haufen organischer Bestandteile handelt, der von einer Biogasanlage problemlos verarbeitet werden kann, hat die Packung Tabs die Bakterienkultur darin kollabieren lassen. Nur dadurch war die Leiche überhaupt erst entdeckt worden.

«Verfluchte Schweinerei ist das, erst letzte Woche haben se mir die Quaderballen Weizenstroh angesteckt, und nu werfen sie schon ihre toten Weiber in den Fermenter, diese verdammten Grünen!» Bauer Meyerdrees ist stinksauer, die Rübe knallrot, und seine beiden Arme fuchteln in der Atmosphäre herum, als wollte sich ein riesiger Mistkäfer in die Lüfte erheben. Seitdem sein gefräßiges Biomonster mit dem, was er selbst – und natürlich seine Schweine – an Gülle produzieren, nicht sattzukriegen ist, kommen täglich Lkw aus allen Himmelsrichtungen zu der Biogasanlage, um sie mit frischem Mais zu füttern. Die Grünen organisieren deshalb seit sechs Wochen Montagsdemonstrationen vor seinem Hof. «Demnächst knall ich einen von denen ab», hat er neulich zu Pastor Heinemeyer gesagt, als er ihn rein zufällig vor dem Madame-Club in der Kreisstadt traf. Der musste ihn allerdings darauf hinweisen, dass das Abknallen von Grünen nicht im Sinne Jesu sei. «Wieso», hatte Meyerdrees geantwortet, «der Jesus kennt diese Ökoratten doch überhaupt nich.»

«Irgendwann musste das ja passieren», Kriminalinspektor Conradi spuckt einen rätselhaften Satz in den jungen Morgen, als seine Leute ihm die weibliche Leiche vor die Füße legen. «Sagt mal, seid ihr bekloppt, das ist doch keine Wildsau, die man dem Schützen präsentiert, habt ihr dem erlegten Stück etwa auch noch einen Bruch durch den Äser gezogen, ihr Trottel?» Doch Walter Kopanke und Robert

Schiballa, die beiden Polizeihauptmeister vom örtlichen Gendarmerieposten, verstehen nur Bahnhof, keiner von ihnen ist mit dem Fachvokabular der Jägerei vertraut. Robert sammelt tote Eichhörnchen, die er selber ausstopft und zu niedlich versauten Dioramen gruppiert, Walter ist nicht verheiratet und braucht keine Hobbys.

«Wann wird denn der Fermenter wieder freigegeben, Herr Hauptkommissar», wieselt Bauer Meyerdrees sich an Conradi heran. «Polizeiinspektor», antwortet dieser unwirsch und befiehlt Robert und Walter, die Leiche endlich fortzuschaffen. «Aber, Herr Inspektor», kann Walter gerade noch brabbeln, da hat Robert den Leichnam schon am rechten Fuß zu sich herangezogen und damit alle Spuren endgültig vernichtet.

Vier Kilometer weiter in einer windschiefen Torfstecherkate, tief im Kötermoor versteckt, holt ein Mann seine beiden Raben aus dem Himmel zurück: Rolf und Ralf heißen sie. Rolf landet krächzend auf der Verandabrüstung, während Ralf kopfüber in den Schilfgürtel taumelt. «Das ist die Steuerungselektronik», der Mann gibt dem sicher gelandeten Raben eine tote Maus zur Belohnung. Ralf frisst keine Mäuse, er ist eine Drohne im Gefieder eines Kolkraben. In seinem Bauch hat neben Elektromotor und dem Akku noch eine kleine Kamera Platz gefunden. Ralf ist mit einem Algorithmus ausgestattet, der es ihm erlaubt – oder vielmehr irgendwann erlauben soll, denn so ganz funktioniert es noch nicht –, während des Fluges von seinem lebenden Vorbild zu lernen. Der Mann holt Ralf aus dem Schilf und zieht ihm eine Speicherkarte aus dem Bauch. Vier Stunden Fotomaterial, das sollte reichen. Der Mann pfeift seinen Hund heran und flüstert ihm ins Ohr: «Harras, lauf für mich ins Dorf und such diese Spur», dabei hält er ihm den Stofffetzen hin, den der echte Rabe Rolf von seinem Rundflug mitgebracht hat. Der Fetzen sieht aus wie die abgerissen Gesäßtasche einer Männerhose.

Wer ist die Leiche in der Biogasanlage? Wer der Mann mit den Raben?

2. DIE FRAUENLEICHE

Der Leichenfund in der Biogasanlage hat einige Journalisten aus der Landeshauptstadt angelockt. Noch immer ist die Identität der Frau nicht ermittelt. Polizeiinspektor Conradi hat ein bearbeitetes, oder sollte man besser sagen, rekonstruiertes Foto von der Gesuchten in den Medien veröffentlichen lassen. Dazu die Beschreibung: Frau, blond, circa dreißig Jahre alt, 1,65 groß, besonderes Kennzeichen ein etwa 1-Cent-Stück-großer Leberfleck am linken Oberschenkel. Die Zahnanalyse hat nichts ergeben, keiner der Ärzte in der Nähe konnte mit dem Profil etwas anfangen.

Was Inspektor Conradi verschweigt, sind die für das Alter stark abgenutzten Gelenke und die schwieligen Hände. Beides deutet auf eine polnische Saisonarbeiterinnen hin, wie sie zum Beispiel bei Bauer Meyerdrees Spargel stechen. Conradi will mit dieser Information noch nicht an die Öffentlichkeit gehen, «um das Wild nicht zu verschrecken», wie er seinem Vorgesetzten am Telefon sagte. Zumal Meyerdrees nicht gesagt hat, dass ihm eine seiner Arbeiterinnen abhandengekommen ist. Der glaubt stattdessen, die Grünen hätten ihm aus Protest eine tote Frau mitsamt Geschirrspüler-Tabs in den Fermenter geworfen. Jeder im Dorf weiß, dass Meyerdrees und die Grünen sich in einem offenen Krieg befinden. Geschirrspüler-Tabs in den Fermenter werfen, das wäre den Grünen schon zuzutrauen, aber mit einer Frau dran?

Conradi ist sich sicher, dass längst nicht alle polnischen Aushilfskräfte auf den Spargelfeldern angemeldet sind, er weiß nur nicht, wie er den Arbeitern dort Informationen entlocken soll. Denkbar ist, dass der junge Meyerdrees, der im Dorf als geiler Bock bekannt ist, eine der illegalen Polinnen geschwängert hat – aber so blöd kann der doch nicht sein und sie in die eigene Biogasanlage werfen? Im Dorf macht schon ein anderes Gerücht die Runde: die Rache der toten Hunde vom Kötermoor. Diese alte Geschichte wird seit Generationen von einer zur nächsten weitergegeben. Laut Frieder Niekamp, dem örtlichen Heimatforscher, geht sie sogar bis in die Zeit der ersten germanischen Besiedlung des Geestrückens zurück, auf dem das heutige Dorf steht. Zwar gibt es dafür keine direkten Belege, wie so häufig bei Ereignissen aus vorschriftlicher Zeit, doch haben archäologische Grabungen im Kötermoor Merkwürdiges zutage gefördert: Vor vier Jahren fand man eine junge Frau, etwa sechzehn Jahre alt, mit einem Welpen im Arm. Beiden hatte man die Füße zusammengebunden und auch um die Köpfe ein Band geschnürt, ein tragischer Unfall konnte deshalb wohl ausgeschlossen werden. Auch von anderen Moorgegenden sind Hundeopfer aus germanischer Zeit nicht unbekannt, aber nur im Kötermoor fand man Hund und Mensch mit

Lederriemen aneinandergefesselt. Der Volksglauben strickt sich daraus eine eigene Theorie zusammen: Der zufolge verlangt der Moorgeist alle paar Jahre ein Jungfrauenopfer als Buße für die Sünden der Dorfbewohner. Weil aber durch Torfabbau und Melioration weite Teile des Moores trockengelegt sind, habe der Moorgeist die Jungfrau diesmal in den Fermenter gelockt. Dessen Substanz weise schließlich eine ähnliche Konsistenz auf wie das Moor.

Pastor Heinemeyer macht sich in der Sonntagspredigt über den Moorgeist lustig: Anscheinend gehe der bei seinen Mordgelüsten mit der Moderne und verfüge zusätzlich über Vorräte an Geschirrspüler-Tabs. Was er aus sittlichen Gründen verschweigt, ist ein anderer sofort einleuchtender Grund gegen die Moorgeist-Theorie: Bei einer circa dreißigjährigen Frau dürfte es sich kaum um eine Jungfrau gehandelt haben.

Was er auch verschweigt, aber jeder im Dorf weiß, ist der Grund, aus dem das Kötermoor seinen Namen hat, und wie wenig das mit vorchristlichen Mumienfunden zu tun hat. Einer, der die ganze Geschichte kennt und der sein Leben der Rache an den toten Hunden vom Kötermoor gewidmet hat, ist der Mann mit den beiden Raben Rolf und Ralf.

Sein Hund Harras ist gerade aus dem Dorf zurückgekehrt und lockt den Herrn durch ständiges Winseln nach draußen. Hat der Hund eine Spur zu dem Stofffetzen gefunden, den der Rabe Rolf mitgebracht hat? Und um welche wahre Geschichte geht es?

3. DIE WAHRE GESCHICHTE

Nicht nur der Mann kennt den wahren Grund für den Namen «Kötermoor». Auch Pastor Heinemeyer, der seit dreißig Jahren in der Gemeinde seinen Dienst tut, weiß von der Sache. Nach zwei Wochen, in denen die Leiche noch immer nicht identifiziert wurde und es auch sonst keinerlei Ermittlungsfortschritte gibt, ist für die Presse die Luft etwas raus aus der Geschichte. Verzweifelt suchen Journalisten nach immer neuen Aspekten, auf dass ihrer Leserschaft jeden Morgen ein wohliger Schauer den Rücken hinunterläuft. So gerät auch Pastor Heinemeyer ins Visier eines neugierigen Pressemenschen und erzählt ihm bereitwillig von den früheren Sünden seiner Schäfchen.

Ursprünglich und in alten Karten noch immer nachzulesen, hatte das Kötermoor einen anderen Namen: Röthemoor hieß es, nach den vielen Röthekuhlen an seinem Rand benannt. In früheren Zeiten wurde der Flachs zur Röthekuhle gebracht und mit beschwerten Brettern einige Tage unter Wasser gedrückt. Durch den einsetzenden Fäulnisprozess trennt sich der Bast von den holzigen Stängelteilen. Das ist die Voraussetzung für die Herstellung von Leinen. Mit dem Niedergang der bäuerlichen Leineweberei hatten auch die Röthekuhlen ihren Zweck erfüllt. Würden nicht Abertausende Frösche in jedem Frühjahr deren fortdauernde Existenz lauthals bekunden, die meisten Dorfbewohner hätten ihre Röthekuhlen sicher längst vergessen. Die meisten, aber nicht alle: Da waren einige Bauern, die die modrigen Tümpel einer neuen Bestimmung zuführten: Sie ertränkten dort ihre vielen jungen Katzen und ihre ungeplant geborenen Hundewelpen. Bald sprach sich die grausame Praxis im Dorf herum, und das Röthemoor erhielt seinen neuen Namen «Kötermoor». Doch statt dem widerwärtigen Treiben der Bauern Einhalt zu gebieten, schwiegen alle und vermieden lediglich fortan, auch nur einen Schritt in das mörderische Gelände zu tun. Einige Dorfbewohner behaupten noch heute steif und fest, in manchen Vollmondnächten heulten bei Ostwind die ermordeten Welpen vom Moor herüber. Andere, mit dem zeitgenössischen Treiben Vertraute, meinen dagegen zu wissen, das einsame Moor sei zu einem landesweit beliebten Homotreff geworden, und tauften es deshalb um in «Pötermoor». Doch allgemein hat sich der zwischenzeitliche Name «Kötermoor» gehalten, auch wenn – soweit man weiß – dort schon seit Langem keine jungen Hunde mehr ertränkt werden.

Einer weiß es besser: der Raben-Mann. Seit dem tragischen Unfall mit seiner Frau und den beiden Kindern lebt er hier im Moor. Ein Maishäcksler hatte den VW Golf durch das Schneidwerk quasi eingeatmet. Dessen Fahrer, noch sturzbetrunken vom Schützenfest, war, ohne auf den Verkehr zu achten, auf die Bundestraße eingebogen. Der Golf mit seiner Familie hatte keine Chance gehabt. Der Häcslerfahrer galt aufgrund seiner Volltrunkenheit als unzurechnungsfähig und kam mit einer Geldbuße und einem Jahr Führerscheinentzug davon, sein Name war Thorben Meyerdrees, der Sohn vom alten Meyerdrees. Unseren Mann aber hat es nicht den Führerschein entzogen, sondern den Boden unter den Füßen weg. Nach der Beisetzung seiner beiden Kinder – von seiner Frau hatte man nichts mehr gefunden, das man hätte beisetzen können – hatte er seinen Ingenieursjob aufgegeben und war in die alte Moorkate des Großvaters gezogen, ganz in die Nähe der ehemaligen Röthekuhlen.

Eines Abends sah er, wie ein Opel Frontera an eine der Kuhlen heranfuhr, ein Mann ausstieg, einen quiekenden Sack ins Wasser warf und eilig wieder davonfuhr. Unser Mann war mit einem Hechtsprung bei dem Sack und zog ihn an Land. Fünf kleine Hundewelpen spuckten Wasser und husteten ihn an.

Der Mann erinnert sich noch heute an diese Nacht, immer wenn er seinem treuen Freund Harras über den Rücken streichelt. Alle fünf Welpen hatten damals dank seiner Fürsorge überlebt, doch nur Harras war bei ihm geblieben. Die anderen vier hielten es auf Dauer in menschlicher Gesellschaft nicht aus und streifen seitdem als wilde Hunde durchs Moor – ab und zu aber besuchen sie unseren Mann.

Sie sind quicklebendig: Die toten Hunde vom Kötermoor werden der Dorfbevölkerung wohl noch so manches Rätsel aufgeben.

4. DIE BLOCKADE

Im Dorf herrscht heller Aufruhr. Die Grünen blockieren die Zufahrt zum Hof Meyerdrees. Dort stehen drei große Schlepper mit Siloanhängern. Die drei warten darauf, endlich den Schlamm aus der Biogasanlage aufs Feld zu fahren. Meyerdrees ist tierisch geladen, allerdings nicht nur er, sondern auch seine doppelläufige Flinte. «Haut endlich ab, arbeitsscheues Gesindel, sonst brenn ich euch eins auf die Schwarte.»

Doch die Grünen denken gar nicht daran, die Einfahrt zu räumen, einige haben sich untergehakt, ganz verwegene sogar an das schmiedeeiserne Tor gekettet. Das sollten sie allerdings bald bereuen, denn Meyerdrees hebt das Tor kurzerhand mit dem Frontlader aus den Angeln, zwei Frauen zappeln in der Luft und singen dabei «We shall overcome».

Mittlerweile ist auch Pastor Heinemeyer eingetroffen und versucht, deeskalierend auf die Parteien einzuwirken – doch vergebens. Erst als Robert Schiballa und Walter Kopanke vom örtlichen Polizeiposten eintreffen, lässt Meyerdrees die kreischenden Frauen mitsamt Eisentor unsanft auf den Boden herab. «Um was geht das die doofen Blödköppe hier alle, haben die kein Zuhause.» Robert ist immer stinksauer, wenn man ihn in der Mittagspause zu einem Einsatz ruft.

«Die langhaarigen Kommunisten hier ...», beginnt Meyerdrees, doch weiter kommt er nicht, da unterbricht ihn Walter, der sich gerade mühsam aus dem Streifenwagen schält: «Halt doch die die Klappe, Werner. He, einer von euch Bekloppten soll herkommen und mal erzählen, was das Ganze hier soll.» Bodo Kretien, einer der weder langhaarigen noch kommunistischen Besetzer, meldet sich: «Herr Hauptkommissar, wir wollen nur verhindern, dass der Bauer hier seinen Sondermüll auf die Felder ausbringt, laut Bundesemissionsgesetz vom 1. 4. 2006 muss nämlich nicht vergorenes Substrat nach der Richtlinie zwei Strich neun entsorgt werden.»

«Ich schlag dir gleich die Fresse ein, du Kommunistenschwein», reimt ungewollt Meyerdrees als Antwort.

«Alle beide eure Klappe halten», jetzt hat auch Robert wieder das Wort ergriffen.

Unterdessen hat jemand von den Zuschauern einen Grill

besorgt und Bierzeltgarnituren aufgebaut. Gegen Abend ist wie durch ein Wunder die Zapfanlage aus dem Feuerwehrhaus rübergeschafft worden, und Pastor Heinemeyer spricht ein paar tröstende Worte in den Gärschlamm hinein, denn immerhin ist darin eine Frau zu Tode gekommen.

Tief hinten im Moor sichtet zur selben Zeit der Mann jene Fotos, die seine Rabendrohne Ralf am Abend vor dem Morgen aufgenommen hat, an dem man die Frauenleiche in der Biogasanlage fand. Deutlich zu erkennen ist ein Opel Frontera, aus dem ein großes Bündel geladen wird. «Na warte, Freundchen, endlich hab ich dich», der Mann lacht zum ersten Mal seit mehreren Monaten. Auch Harras, sein treuer Begleiter, scheint sich mit ihm zu freuen.

Von ferne hören beide heiseres Hundebellen, wie es typisch ist für eine Meute auf Jagd. Harras spitzt die Ohren und will dem Ruf seiner Geschwister in die Wildnis folgen. «Du hast es dir verdient, Alter», sagt der Mann und lässt ihn ziehen. Er hat ohnehin keine Zeit, sich mit ihm zu beschäftigen, denn auf ihn wartet die Auswertung Hunderter Luftaufnahmen, um daraus einen Tatablauf zu rekonstruieren. Am Vormittag schon hat ihm Harras den Ort gezeigt, an dem sein analoger Rabe Rolf den Stofffetzen gefunden hatte. Es war hinten im Wald an den Unterkünften der polnischen Saisonarbeiter. Am Geruch des Stoffes hatte er eine Spur zurückverfolgt bis ins Dorf, doch kurz vor der Kirche hatte Harras sie verloren. Wer trieb sich hier draußen rum? Und wieso verliert sich die Spur an der Kirche? Wie passt das zusammen? Es gibt viel zu tun, vielleicht weiß er am anderen Morgen mehr. Die Stille der Nacht wird plötzlich durch ein Triumphgeheul durchbrochen, offenbar hat die Meute Glück bei der Jagd gehabt.

Gibt es endlich einen Hinweis zur Identität der Frau und sogar zu ihrem Mörder, oder sind der Fahrer des Opel Frontera und der Stofffetzenmann identisch oder vielleicht Komplizen?

5. DIE NEUE LEICHE

Es ist genug für alle da. Die Leithündin hat das gerissene Reh aufgebrochen und will als Erste fressen, doch vorher blickt sie fragend nach hinten zu dem zweibeinigen Rudelmitglied. Das aber will nichts von dem geschlagenen Reh, sondern kaut weiter an den aufgesammelten Maiskolben herum. Gierig schlingen die Leithündin und danach der Rest vom Rudel das noch warme Fleisch in sich hinein. Dies ist die erste selbst erlegte Beute seit Wochen. Zwischendurch sind sie immer wieder zu der Müllkuhle am Rande des Kötermoors gezogen und haben sich an den verwesten Ferkeln satt gefressen, die Bauer Meyerdrees dort entsorgt. Einmal hat das Rudel Glück gehabt, und ein angefahrenes Wildschwein ist ihnen direkt vor die Nase gelaufen. Es hat sich noch gewehrt, und der kleinste von ihm hat ein paar ordentliche Schrammen abbekommen.

Das Rudel lebt nun schon seit über einem Jahr im Moor, geht allen Menschen aus dem Weg, schleicht aber oft des Nachts durch die kleine Siedlung am Waldrand, um in der Nähe der Mülltonnen nach Nahrung zu suchen. Hier haben sie auch die verwirrte Frau getroffen, halb tot, aber noch lebendig genug, um dem Rudel zu seinem Unterschlupf zu folgen, in der alten FlaRak-Stellung mitten im Moor.

Die Dorfbewohner nennen das halbe Dutzend Waldarbeiterhäuser «die Polensiedlung», dort sind während des Krieges polnische Kriegsgefangene einquartiert worden. Die meisten von ihnen haben im Meyerdrees'schen Torfabbau geschuftet, damals noch beim ganz alten Meyerdrees. Ende 1945 ist er durch einen mysteriösen Mord umgekommen, ein schlichtes Holzkreuz im Kötermoor erinnert bis heute an die Tat. Seine Nachkommen haben die Tradition des Alten fortgesetzt, wenn auch mit weniger drastischen Mitteln. In den verwahrlosten Häusern am Moor hausen jetzt polnische Saisonarbeiter.

Senek tritt aus der Tür eines der Häuser, in der Hand hält er einen Eimer mit Schlachtabfällen, den er wie gewohnt auf dem nahe gelegenen Misthaufen entleeren will. Zwei glutrote Punkte starren ihn an. «Kleiner Pieski, komm her kleiner Hundchen, hier hat Senek Leckerchen für dich.» Die Polen am Moor kennen das wilde Rudel und teilen sich mit ihnen so manch gewildertes Reh. Doch diesmal ist es kein kleiner Hundchen, der ihn anstarrt. Das Rudel hat drei Kilometer weiter sein eigenes Wild erlegt und wartet heute nicht auf den Abfalleimer. Die beiden glutroten Punkte sind im Grunde nur ein einziger, wenn man die anderthalb Liter Wodka abzieht, die Senek gerade getrunken hat, und ganz wirklich gehören sie weder zu kleiner Hundchen noch zu überhaupt einem Lebewesen, sondern zu einer Crimson Trace Laserzieleinrichtung für das G36 von Heckler und Koch. Bevor Senek klar wird, dass es sich bei den zwei Punkten nur um einen handelt, fällt er hintüber, sieht kurz ganz viele und danach gar keine Punkte mehr.

«Verdammte Scheiße», flucht Inspektor Conradi am nächsten Tag schon zum x-ten Mal, «können die mit ihren verdammten Morden nicht wenigstens so lange warten, bis der davor geklärt ist?»

«Genau meine Meinung, Chef!»

«Nach der dich keiner gefragt hat!»

Robert Schiballa und Walter Kopanke sind mittlerweile auch eingetroffen und versuchen, sich ein Bild von dem Tatort zu machen. «Leiche, vermutlich männlich ...»

«Was heißt denn da vermutlich?»

Walter hat für heute die Schnauze schon wieder voll von seinem Partner.

«Es gibt auch Intersexuelle, da kann man nicht von vornherein ...»

«Beide Klappe halten», mischt sich Conradi in die Transgender-Diskussion der Spitzenbeamten ein. «Dies ist eine männliche Leiche und damit basta ...»

Viel mehr kann der Inspektor auch nicht zur Tatsachenfindung beitragen. Von den übrigen Bewohnern der Polensiedlung ist keiner mehr da, den man befragen könnte, nur ein Hund, den sie offensichtlich zurückgelassen haben, wühlt im Müll am Waldrand.

«Los, ab damit in die Gerichtsmedizin.» Conradi steigt in seinen Dienstaudi und fährt ab.

«Sollen wir nicht die Spurensicherung oder so ...?», Walter kramt einen Rest kriminologischen Sachwissens aus dem nicht weggesoffenen Teil seines Hirns.

«Blödsinn», entgegnet Robert, «wir sind doch hier nicht der Ermittelnde, kann uns doch egal sein. Komm, ich lad dich zu 'ner Lammerschmidt ein.» Lammerschmidts sind Roberts Lieblingsbratwürste, er hat immer eine volle Kühltasche im Kofferraum, und natürlich seinen Wedermann-Grill plus Holzkohle. «So viel Stil muss sein», sagt er immer, wenn er das Geraffel aus dem Streifenwagen holt.

Harras hat sie endlich gefunden, der Korditgeruch hat sie verraten. Er hebt die Patronenhülse mit den Zähnen auf und trabt unschuldig tuend davon.

«Blöder Köter», ruft Robert ihm nach, «jetzt, wo's Lammerschmidts gibt.»

Warum musste Senek sterben, wer steckt dahinter, und warum hat Harras die Patronenhülse gesucht?

6. HEINEMEYER

Zwei weitere Wochen sind mittlerweile ins Land gegangen, und zu den beiden Mordfällen ist kein neues Indiz aufgetaucht.

«Wenigstens gibt es auch keinen weiteren Mord», tröstet sich Inspektor Conradi über die mageren Ermittlungsergebnisse hinweg und sieht sich im Geiste schon in der kleinen Ferienwohnung nahe Bückeburg, in der er heute Abend seine Seitensprungaffäre treffen wird. Auch Robert und Walter sind mit selbigem – falls man bei ihnen von so etwas wie einem Geist überhaupt sprechen kann – längst woanders. Sie verhören gerade den berüchtigten «Kotschlierer», einen Schmierfink, der seit Monaten die Bushaltestellen im

Landkreis mit seinen Exkrementen verziert. Sobald der Chef das Haus verlässt, wollen sie dem Schwein eine gehörige Abreibung verpassen. Doch weder Inspektor Conradi noch die beiden Wachtmeister sollten an diesem Abend zum Schuss kommen.

Rolf und Ralf, der analoge Rabe und sein digitaler Avatar, kreisen über dem Kötermoor. Heute ist Ralf nicht nur mit einer Kamera bestückt, sondern zusätzlich mit einer starken Sendereinheit für die Bildübertragung. Harras hatte am Tag zuvor eine niedliche kleine Plastikbombe unter dem Meyerdrees'schen Opel Frontera angebracht. Seit einiger Zeit fuhr Thorben damit fast täglich ins Moor.

In seiner Hütte blickt der Mann auf den Monitor und sieht den Opel in Richtung Kötermoor fahren. «Jetzt bist du reif.» Ein kleiner Druck auf den Auslöser, und vier Kilometer entfernt verwandelt sich der Wagen in einen Feuerball.

Als der um seine Wochenendnummer geprellte Inspektor eintrifft, ist von dem jungen Meyerdrees nur noch ein zahnärztlicher Abgleich übrig.

«Verdammte Sauerei, was macht der Typ denn da an meinem Auto! Das ist mein Privat-Pkw!» Inspektor Conradi traut seinen Augen nicht: Der Kotschlierer hatte einen Moment Unaufmerksamkeit der beiden Beamten ausgenutzt und seinen fäkalen Writer-Tagg an Conradis Wagen hinterlassen. «Wieso schleppt ihr die Drecksau mit zum Tatort, ihr Idioten!»

Conradi ist richtig sauer, und zu Recht. Doch was hätten Robert und Walter machen sollen? Der Schlierer ist ein der

Tat Verdächtiger, und in der einzigen Zelle auf dem Revier bewahrt Robert seine Eichhörnchen-Dioramen auf.

Der Mann ist zufrieden. Das vor zwei Wochen ausgewertete Luftbild-Material aus dem ersten Erkundungsflug der beiden Raben hatte eindeutig Thorben Meyerdrees als denjenigen identifiziert, der das Bündel mit der Frauenleiche in den Fermenter geworfen hatte. Doch ist er auch ihr Mörder? Egal, er musste für eine andere Tat büßen. Vermutlich ist Senek derjenige, der die Fermenter-Frau getötet hatte, denn man sieht den polnischen Vorarbeiter ganz deutlich in Bildern davor das Bündel in den Frontera laden.

Pastor Heinemeyer legt die Fachzeitschrift über Steuerungselektronik beiseite und setzt seine Lektüre in der Bibel fort. Er hat es sich zur Gewohnheit gemacht, jeden Abend als Abbitte für seine nicht ganz so gottgefälligen Taten ein paar Kapitel aus dem Alten Testament zu lesen. Für ihn ist die Lektüre dieses uralten Schwachsinns das reinste Flagellantentum, insofern genau richtig, um Buße zu tun. Niemand im Dorf weiß, dass er als Spätberufener erst mit fünfunddreißig Jahren zum Seelsorger geworden ist. Vorher diente er als Zett Zwölf im Sektor Q der Elektronischen Kampfführung der Luftwaffe und hatte sich neben seiner Ausbildung als Abhöroffizier besonders für Fernsteuerungselektronik interessiert. So war es ihm jetzt gelungen, den einsamen Rächer im Moor für seinen perfiden Plan einzusetzen.

Eines Sonntagmorgens nach dem Gottesdienst hatte er die beiden Raben am Himmel gesehen und sofort gewusst, dass einer von ihnen eine Fernsteuerungsdrohne ist. Keine Woche später hatte Ex-Oberleutnant Heinemeyer eine Abhöreinheit konstruiert, deren Software innerhalb von Sekunden den Code entschlüsseln konnte, mit dem die Rabendrohne gesteuert wurde. Nachdem Heinemeyer den Vogel-Avatar vor seiner Kirche zur Landung gebracht hatte, montierte er in die Fotodaten eine Szene ein, die zeigt, wie der Vorarbeiter Senek ein Bündel in einen Opel Frontera packt. Pastor Heinemeyer ist mit sich zufrieden und auch der Meinung, sich für heute genug geistig gegeißelt zu haben. Mit einem kräftigen Schlag klappt er Moses 3 zu und nimmt sein Heckler und Koch G36 zur Hand, um es zu reinigen. Dazu schraubt er zuerst die Crimson-Trace-Laserzieleinrichtung ab und packt sie zurück in die alte Familienbibel, die mehr oder weniger ein Futteral für die Crimson Trace ist.

Musste Senek sterben, weil er zu viel wusste? Oder ist ein toter Sündenbock besser als ein lebendiger, dem man die Wahrheit glauben könnte? Gleich geht's weiter.

7. DIE DNA-ANALYSE

«Herr Inspektor, Herr Inspektor, hier ist mein Schwangerschaftstest!» Polizeiwachtmeister Robert Schiballa wedelt aufgeregt mit einem Zettel vor dem Gesicht seines Vorgesetzten herum.

«Seit wann werden übergewichtige männliche Polizeibeamte schwanger, und vor allem von wem?» Es ist noch vor neun Uhr morgens, und Conradi hat den Kaffee, den er noch gar nicht getrunken hat, schon wieder auf. Es würde höchste Zeit, die Aufnahmeprüfung für den mittleren Polizeidienst drastisch zu verschärfen.

«Hahaha, nicht meine Schwangerschaft, sondern den Test von der Toten, den ich besorgen sollte, Herr Inspektor.»

«Und war sie's?»

«Aber so was von, Herr Inspektor.»

«Können wir eine DNA-Analyse von dem Fötus bekommen, Schiballa?»

«Eine DN-was?»

Nicht nur den Test verschärfen, sondern die Durchgefallenen am besten sofort ertränken, denkt Conradi. «Schon gut, ich kümmere mich selbst darum, geben Sie her, den Zettel.»

Werner Meyerdrees hatte durch die herbeigerufene Feuerwehr vom Tod seines Sohnes erfahren. Wie hatte das nur passieren können, der Opel-SUV war zwar nicht mehr der neueste, aber «explodieren»? Hatte man so was schon mal gehört? Hatte er irgendwann mal eine Rückrufaktion verpasst, oder ein Produktionsfehler war unentdeckt geblieben? Es war nicht das erste Mal, dass sich Thorben den Frontera geliehen hatte, um den sonst teuer zu entsorgenden Müll ins Moor zu bringen: illegale Medikamente aus der Schweinemast, verbotene Pestizide, altes Öl, was eben so anfällt auf einem modernen Agrarbetrieb. Er selbst war auch früher häufiger mit dem Opel ins Moor gefahren, das letzte Mal, als er die Welpen seiner Deutsch-Drahthaar-Hündin Senta dort ertränkt hatte. Die Schreie der Hunde verfolgten ihn noch immer in seinen Albträumen, und seitdem hatte er das Kötermoor gemieden. Wenn es wahr sein sollte, was die Leute erzählten, dass die Seelen der ertränkten Hunde ihre Mörder ins Verderben lockten, dann sollte er dort auch lieber wegbleiben. Den Frontera benutzte er nur noch selten, die meiste Zeit hatte Thorben ihn gefahren.

«Wir haben rausgekriegt, wer die Tote ist, Chef.» Hauptwachmeister Walter Kopanke glotzt freudestrahlend ins Zimmer des Inspektors.

Conradi blickt von den Akten hoch: «Und?»

«Nä, wollte ich nur kurz berichten, Chef, ist doch gut oder? Ich geh dann mal wieder, Chef.»

«Wie heißt sie, du verdammter Quadratidiot?»

«'tschuldigung, den Zettel hab ich …»

Conradi würde beim nächsten Ball der Polizei Massenerschießungen als Tanzspiel vorschlagen.

«Raus!» So wird es noch geschlagene zwei weitere Stunden dauern, bis sich die Identität von Ilona Zawadzka bis in die letzten Winkel des Polizeireviers herumgesprochen hat. Wesentlich schneller spricht sich im Dorf herum, dass es sich bei der Toten um die Geliebte des Bauern Meyerdrees handele. Jedermann weiß, wer freitags immer raus zu den Polenhäusern fuhr, gestriegelt wie ein Besamungsbulle auf dem Weg zur Herdbuchversteigerung.

Pastor Heinemeyer macht sich fertig für eine Trauungszeremonie um elf Uhr. Unter dem Talar trägt er für gewöhnlich ganz normale Alltagskleidung, sehen tut man eh nichts davon. Er nimmt seinen Autoschlüssel und will sein Portemonnaie gewohnheitsmäßig in die rechte Gesäßtasche stecken, doch es fällt runter auf den Fußboden. «Verdammt», Heinemeyer fasst sich an den Hintern, doch da ist nichts, «irgendwo muss ich mit der Hose hängen geblieben sein, verdammt.»

Wütend rennt er zum Auto, den Talar unterm Arm, den er wie immer erst in der Sakristei überstreift. Dabei beobachten ihn zwei Raben, die ihre Runden über dem Kirchplatz drehen. Und noch jemand sieht zu. Der Mann lässt den Ralf-Monitor nebenbei laufen, während er sich gerade etwas zu essen macht. Plötzlich bellt Harras und läuft aufgeregt zum Bildschirm. Der Mann sieht gerade noch, wie Pastor Heinemeyer in seinen VW Golf einsteigt. «Was ist denn los, Harras, bis du Agnostiker geworden?» Doch der Hund will sich nicht beruhigen lassen. Der Mann stoppt den Livestream der Rabenkamera und lässt in der parallelen Aufzeichnung die letzten zwei Minuten laufen. Da sieht er es auch. «Braver Harras. Hab ich dich, du bigottes Arschloch.»

«Chef, Chef, ich hab die Ergebnisse der BNA, Chef.» Walter Kopanke wedelt dem Inspektor mit einem Zettel im Gesicht herum. «Und zur Sicherheit aufgeschrieben, Chef.»

Conradi ist erstaunt über so viel Scharfsinn: «DNA, Kopanke, Dora Nordpol Anton.»

«Nä, nä, jemand ganz andersserer, die BNA passt zu einem alten Bekannten, dem Typ, wo letztens die Ökoschwuchteln in das Güllebecken reingeschmissen hat, hahahaha.»

«Bauer Meyerdrees? Und von dem habt ihr die DNA genommen?»

«Nä, wir kennen ja so was wie sone BNA womöglich gar nich, nä, das waren die Kollegen vom BKO, haha.»

«BKA Berta Konrad Anton.»

«Genau, die drei müssen das gewesen sein, wo da waren wegen dem BNA-Gesumse, Chef.»

Hat Werner Meyerdrees die polnische Saisonarbeiterin geschwängert und danach umgebracht? Was hat dann Pastor Heinemeyer damit zu tun?

8. DES RÄTSELS LÖSUNG

«Nun mal raus mit der Sprache, Meyerdrees, wir wissen, dass Sie der Vater von dem ungeborenen Kind der getöteten Ilona Zawadzka sind. Wie und wo haben Sie sie getötet?»

Polizei-Inspektor Conradi hat den vermeintlichen Mörder seit zwei Stunden in der Mangel, doch der leugnet standhaft. Seine Geschichte hört sich in etwa so an:

«Ja, es stimmt, Ilona und ich, wir ham uns öfters mal zum Bumsen getroffen, meine Frau ist tot, also was solls, und ich hab ihr auch ab und zu 'nen Fuffziger dafür zugesteckt, sollte ihr Schaden ja nich sein, nich wahr. Meistens am Freitag bin ich rausgefahn zu die Polenhütten, und Ilona is rausgekommen, wenn ich gehupt hab. Dann isse zu mich in den Opel geklettert, und wir hams aufe Rückbank abgewickelt. War nix Besonderes, aber besser als ewig abends bloß inne Ferne kieken … oder nicht, Herr Inspektor, Sie sind sicher auch kein Kind von Traurigkeit, stimmts oder hab ich recht?»

«Wann hat Ihnen Frau Zawadzka gesagt, dass sie schwanger ist?»

«Gar nich, davon hab ich gar nix nicht von gewusst. Ich wie immer Freitag abends mit den Opel zu den Polenhütten, dreimal gehupt, viermal gehupt. Es regnete in Strömen, und ich war ja nich auf Landpartie eingestellt, wollte nur mal kurz einen wegstecken vor der Tagesschau.»

«Jaja, weiter, keine Details.»

«Ich also die Regenklamotten vom Thorben angezogen, die im Auto lagen, wissen Se, der trägt immer sonen australischen Regenmantel un sonen breitkrempigen Hut ... sieht aus wie Spiel mir das Lied vom Boot.»

«Tod.»

«Genau, genau, tot war se, als ich ausgestiegen bin. Lag im Gebüsch. Ich hin, und was soll ich sagen, Herr Hauptkommissar?»

«Inspektor! Es handelte sich um die ermordete Frau Zawadzka.»

«Genau, genau! Die wars, lag da mausetot am Straßenrand.»

«Und warum haben Sie dann nicht die Polizei gerufen?»

«Weil ich eine geniale andere Idee hatte. Die grünen Bolschewiken, die gehen mir ja schon seit Monaten aufn Zünder mit ihre Montagsdemonstrationen. Da sinkt regelrecht die Mastzunahme im Schweinestall, wenn die Ökopflaumen auftauchen bei mir. Also hab ich mir gedacht: Jetzt, wo dat Ilona sowieso schon tot is, kann se noch mal was Gutes tun. Ich also ihre Leiche in die alte Decke von mein Hund, wickle sie gut rum und bin nach meine Bioanlage hin, ne, genau genau. Hab ihr noch 'nen paar Geschirrspültabse inne Tasche gesteckt, hahahaha, und ab in den Fermenter mit die Braut. Die Charge war sowieso schon kaputt, da machten

231

die Tabs auch nix mehr, genau, genau. Aber nun kommts, Herr Kommissar, ich wollte dat die Grünen in ihre Schuhe reinschieben, zack, die sind verhaftet, und ich für mein Teil kassier die Versicherung wegen Vandalismus, genial, ne?»

«An die bedauernswerte Frau Zawadzka haben Sie wohl gar nicht gedacht.»

«Wieso, dat war doch schon mausetot, dat Ilona.»

«Und diese Geschichte soll ich Ihnen glauben? Sagen Sie, halten Sie mich für einen totalen Trottel, Meyerdrees?»

«Wenn Se mich so fragen ...»

«Abführen! Wachtmeister Schiballa?»

Der Angesprochene betritt den Raum, in dem nur Inspektor Conradi und Werner Meyerdrees sitzen.

«Abführen, geht in Ordnung, Chef, aber wen denn?»

Conradi beschloss in dem Moment, bei der Weihnachtsfeier im Präsidium mindestens zwei Gläser Glühwein mit Rattengift anzurühren.

Nach der Trauung verweilt Pastor Heinemeyer noch einen Moment im Altarraum. Jemand hatte ihm erzählt, dass man den bekloppten Meyerdrees verhaftet hätte wegen Mordes an seiner Ilona. Sollte es tatsächlich wahr sein, dass ein anderer für ihn in den Knast ging? So gesehen, hätte er Senek gar nicht erschießen müssen, andererseits wusste der von seinem Verhältnis zu Ilona und womöglich sogar noch ein paar Schweinereien mehr. Das dumme Ding, warum hatte sie ihm auch gesagt, dass sie schwanger ist? Ein Kind von einer Spargel-Kebse, das war nun wirklich das Allerletzte, was er brauchen konnte, jetzt, wo er kurz vor seiner Berufung zum Superintendenten steht und dieses beschissene Kaff endlich verlassen kann! Kleine verlogene Polenhure. Meyerdrees, der also auch! Verhaftet! Armer Irrer, aber der hatte auch so genug Dreck am Stecken, das ginge schon klar, das kann er mit seinem Gott schon aushandeln, denkt Heinemeyer und verlässt sichtlich vergnügt die Kirche.

«Was macht denn dieser verlauste Köter schon wieder hier? Der hat mir schon mal aufgelauert», denkt Heinemeyer beim Hinausgehen. Diesmal guckt der Hund allerdings nicht so grimmig wie damals, sondern stupst ihn sogar in die Seite. «Na ja, ist schließlich auch ein Geschöpf Gottes, das dämliche Vieh», amüsiert sich Heinemeyer über sich selbst und geht zu seinem VW Golf.

Was er nicht gemerkt hat, ist, dass ihm Harras, «der verlauste Köter», nicht nur angestupst, sondern auch einen Erkennungsmarker auf den Talar geheftet hat.

Fünfzig Meter über dem Kirchplatz registriert die Drohne Ralf «Ziel erkannt», und aus einem präparierten Gebüsch neben der Tür zur Sakristei schießt eine winzige Lenkrakete hervor, visiert kurz den Geistlichen, und keine Zehntelsekunde später steht der christliche Außendienstmitarbeiter vor seinem Chef in der alleraobersten Etage.

War das alles, ist jeder Mord gesühnt, oder sind noch Fragen offen? Mal sehen!

EPILOG: PECH

Drei Tote, die einfach Pech hatten:

Ilona Zawadzka – sie hatte das Pech, sich einem Geistlichen anzuvertrauen, ihm aber nicht die ganze Wahrheit gesagt zu haben, sie musste dafür mit ihrem Leben büßen.

Senek Weselskys Pech war, dass er zu viel wusste, zu viel gesehen hatte und womöglich einiges davon hätte ausplaudern können.

Thorben Meyerdrees hatte das Pech, dass sich sein Vater einmal zu viel seine Regenkleidung ausborgte und er deshalb für einen Mord büßen musste, den er nicht begangen hatte. Immerhin war dadurch eine alte Schuld endlich beglichen.

Ein Toter, der zum Mörder wurde, weil er zu wenig wusste:

Pastor Heinemeyer hat in selbstgefälligem Beschälerstolz geglaubt, er sei der Verantwortliche für die Schwangerschaft Ilona Zawadzkas, hatte sie deshalb spontan mit dem Hosengurt erwürgt und den vermeintlichen Mitwisser Senek später erschossen. Böses gebiert eben ständig neues Böses. Zum Verhängnis wurden ihm eine abgerissene Gesäßtasche am Tatort, ein aufmerksamer Hund, zwei Raben und ein ferngesteuertes Geschoss aus dem Gebüsch.

Ein Mörder, der keiner ist:

Werner Meyerdrees, der wahre Verantwortliche für die Zawadzka'sche Schwangerschaft, wird wegen Mordes verurteilt, weil viele Indizien gegen ihn sprechen und die beiden Wachtmeister Schiballa und Kopanke hemmungslos genug sind, im Zeugenstand jedweden zu belasten, der ihnen dadurch ein freies Wochenende beschert.

Und dann ist da noch ein Mann, der zwei Menschen auf einem Gewissen hat, das schon lange nicht mehr zu ihm spricht, nämlich seit dem Zeitpunkt, als seine beiden Kinder und seine Frau bei dem Unfall mit dem Maishäcksler ums Leben kamen.

Im Dorf am Kötermoor war zwar kein Frieden und nur wenig Gerechtigkeit wieder eingekehrt, aber der Alltag hatte vieles zurechtgerückt: Die Pastorenstelle wurde nicht neu besetzt, Pastor Heinemeyer wurde am Ehrenplatz der verblichenen Seelenhirten des Dorfes wieder ausgegraben und auf dem Schindanger im nassen Teil des Friedhofs neu eingebuddelt. In seinem Haus hatte die Polizei nämlich ein Heckler und Koch G 36 gefunden und eine Patronenhülse, die zu dem Projektil im Körper des toten Senek Weselsky passte. Nicht erklären konnte man sich die Spuren von Hundespeichel an der Hülse. Der Meyerdrees'sche Hof blieb nach dem Tod des Erben und der Verhaftung des Bauern eine Zeit lang verwaist. Wenig später ersteigerte Bodo Kretien, der Vorsitzende der Grünen im Ort, den Besitz und erneuerte die Biogasanlage, brach sämtliche Feuchtwiesen um und baute dort Mais an. Zwei Parteimitglieder stellte er als Verwalter ein, und die lästigen Demonstrationen blieben seitdem aus.

Die weibliche Moorleiche mit dem Welpen im Arm wurde vom Volksmund «Moora Lisa mit dem Hund» getauft. Mit

EU-Mitteln soll in naher Zukunft ein Museum um sie herum entstehen, das «CaniPaläon» mit Event-Gastronomie, eigener Welpenvermittlung und Kürbisfestival. Die Landesregierung hofft, damit der strukturschwachen Region am Kötermoor wirtschaftliche Impulse zu geben.

Robert Schiballa hat sich nach den kraftraubenden Ermittlungen im Kötermoor drei Wochen freigenommen, um seine erste Ausstellung in der Sparkassen-Filiale vorzubereiten. «Eroshörnchen in flagranti» soll sie heißen, sie zeigt seine schönsten Dioramen mit kopulierenden Eichkatzen in 1-a ausgestopfter Qualität. Im Kreisblatt wird er bereits als der «Gunter von Hagens der Nagetierwelt» gefeiert.

Walter Kopanke ist vom Personalrat zum Glühweinbeauftragten der diesjährigen Polizei-Weihnachtsfeier gewählt worden. Und hat somit sein und das Leben des Kollegen gerettet, denn Inspektor Conradi ist damit seines Schwures enthoben, den beiden Rattengift in dem Heißgetränk zu verabreichen.

Es sind zwei weitere Wochen vergangen seit dem Prozess gegen Werner Meyerdrees, die sterblichen Überreste Ilona Zawadzkas und Senek Weselskys sind nach Polen überführt, und das Dorf freut sich auf das alljährliche Runkelbier, ein traditionelles Zeltfest, bei dem alle Einwohner über vierzehn drei Tage sturzbetrunken sind und neun Monate später der Nachwuchs des Dorfes gesichert scheint.

Doch nicht alle Einwohner machen mit. Einer tritt auch aus diesem Anlass nicht aus seiner Anonymität hervor: der Mann im Moor.

Es ist ein früher Herbstabend. Ralf und Rolf kreisen über der alten Kate des Mannes. Beide krächzen, als ob sie etwas gesehen hätten. Auch Harras spitzt die Ohren. Aus der Ferne dringt Gebell. Das Rudel ist auf dem Weg zur Kate, aber die Hunde klingen nicht so aufgeregt wie sonst.

Auch der Mann hat den Unterschied bemerkt und blickt von seinem Rechner auf. Höchstens fünfzig Meter trennen das Rudel noch von der Lichtung, auf der die alte Hütte des Mannes steht. Harras läuft ihnen entgegen. Als Erste erscheint die Leithündin, und dann, dann kommt kein Hund, sondern eine Frau in zerrissenen Jeans und einem völlig verdreckten Kaschmirpullover. Einer der Hunde schubst sie auf die Lichtung, sie blickt scheu umher, als sähe sie zum ersten Mal seit Monaten wieder einen anderen Menschen. Sie schützt ihre Augen gegen das grelle Licht der Petromax-Lampe. Der Mann erhebt sich aus seinem Stuhl, da nimmt sie ihre Hand vor dem Gesicht weg, und der Mann weiß plötzlich, wer sie ist.

Fünf Hunde-Schwänze vom Kötermoor wedeln rhythmisch im Takt.

Weitere Titel

Als Mutti unser Kanzler war

Begrabt meinen rechten Fuß auf der linken Spur

Frank Bsirske macht Urlaub auf Krk

Und sie bewegt sich doch!

Vorspeisen zum Jüngsten Gericht